2019年度佛山市原创文艺扶持作品

西江清流

区大相

刘东 李伯瑞 著

一代孤忠在
千秋大雅存

暨南大学出版社
JINAN UNIVERSITY PRESS

中国·广州

图书在版编目（CIP）数据

西江清流：区大相/刘东，李伯瑞著 . —广州：暨南大学出版社，2021.3
ISBN 978 - 7 - 5668 - 2952 - 8

Ⅰ . ①西… Ⅱ . ①刘… ②李… Ⅲ . ①区大相（1549—1616）—生平事迹 Ⅳ . ①K825.6

中国版本图书馆 CIP 数据核字（2020）第 163946 号

西江清流：区大相
XIJIANG QINGLIU：OU DAXIANG
著　者：刘　东　李伯瑞

出 版 人：张晋升
责任编辑：潘江曼
责任校对：黄文科　孙劭贤
责任印制：汤慧君　周一丹

出版发行：暨南大学出版社（510630）
电　　话：总编室（8620）85221601
　　　　　营销部（8620）85225284　85228291　85228292　85226712
传　　真：（8620）85221583（办公室）　85223774（营销部）
网　　址：http：//www.jnupress.com
排　　版：广州良弓广告有限公司
印　　刷：广州市快美印务有限公司
开　　本：850mm×1168mm　1/32
印　　张：8.5
字　　数：205 千
版　　次：2021 年 3 月第 1 版
印　　次：2021 年 3 月第 1 次
定　　价：36.00 元

目录

第二章　京　师

第三章　南　京

第四章　故乡

一代孤忠在，
千秋大雅存。

引子

太阳西沉，照着波光粼粼的西江水，半江瑟瑟半江红。远处的西樵山诸峰，在余晖里或明或暗，像一幅浓淡相宜的水墨画。

渡口升起袅袅的炊烟，那是妇人们忙活着烧饭，男人们神情专注地清理着渔网上的杂物，孩子们和狗在沙滩上快乐地嬉戏。

西江河畔的阮埇村，池塘里的荷花开得正艳，树上的荔枝花儿挂满枝头，整个村庄都氤氲在清香里。

嘉靖二十八年（1549）的初夏夜，区家院落里一派忙碌而喜庆的景象。花白胡须的祖父琳老爷坐在客堂里，"咕咚咕咚"地抽着大碌竹水烟筒，祖母则指挥着婶娘们，端着热水盆子进进出出。房间里，母亲苏氏隐忍地低声哼叫着。

七岁的大标和三岁的大枢静静地趴在窗棂上，侧耳倾听着房里的动静。

"哥哥，你说妈妈会给我们生个弟弟还是妹妹？"大枢轻声问大标。

"生个妹妹好！"大标没好气地说道，"生个弟弟像你一样调皮，又要让爹娘操心。"

大枢不满地哼哼着，过会儿又咧嘴笑了："不管是弟弟还是妹妹，我也能做哥哥啦。"

"你们两只细孥在这里干什么？还不快去睡觉！"出来倒水的婶婶发现了他们，轻声地呵责。

"母亲生了弟弟还是妹妹啊？"大枢问。

"细孥仔别多口，快去睡觉！"

…………

一阵嘹亮的啼哭声划破静谧的夏夜。

"是男丁。"房间里传出如释重负的欢笑。

"母亲给我们生了个弟弟。"大标抚着已熟睡的大枢轻轻地说。

五月十九这晚，区益也是一夜未眠。

自嘉靖十九年（1540）乡试中举后，他便离开家乡，步入仕途。仕途深深深深似海。授任都昌知县已好几年，虽然勤于政事，公正廉明，但因从不肯奉承上级，因此也从未升迁过。

都昌隶属九江道南康府，北依武山，南濒鄱阳湖。区益步出署衙，只见武山上的鹅公凸、卸衣岭连绵起伏，浩渺的鄱阳湖面涌出一轮明月，苍苍茫茫。

西江河畔的家乡啊，月光也如此皎洁吗？妻子的身体可安好？大标、大枢可背会《三字经》了？妻子上次的家书里说，这段时间要生产了，不知是男孩还是女孩呢？

一道闪亮的流星划过天际，悄无声息地坠入湖中。

"孺子呵，孺子……就叫你大相吧，字……用孺。"

不知乡夜里，母儿可安好？

岭树郁苍苍，
千峰刘大荒。

【第一章】

岭南

童年

嘉靖二十八年（1549），遥远的北京城，嘉靖帝还在修道，一心求玄，不问朝政，凡事都交给首辅严嵩打理。

太祖洪武帝朱元璋在创立明代国家机构的时候，考虑到丞相权力太大，便撤销了丞相职位。洪武三十五年（1402）设置内阁，进入内阁的官员称大学士，有别于翰林院学士。明中后期，内阁大学士实际代理着丞相之职，称为"辅臣"；首席大学士称为"首辅"，或称"首揆""元辅"，无丞相之名却有丞相之实。

严先生既不能领军，也不懂治国，最擅长的就是拍马屁和整人。于是乎朝中政务懈怠、军事松弛，大臣尸位素餐，外敌肆无忌惮。长城以北，蒙古鞑靼首领俺答汗不断寇边，嘉靖二十九年（1550）甚至兵临北京城下，大肆掠夺。东南沿海，倭寇频繁侵扰，烧杀抢掠，无恶不作，给当地民生带来极大破坏。

此时的中国，东倭北虏，不太平。

然而在岭南广东一隅，还算安宁，当时的广东行中书省，是明代的十三行省之一。

广州府高明县（后归肇庆府辖），因处于"山北水南"高而明亮之地，故名。

山是皂幕山，群峰如黛，苍翠欲滴，浑然无际，如帷遍野；深黑为皂，帷帐为幕，古人名之皂幕。又因山体连绵起伏，酷似读书人放置毛笔的笔架，乡人又名之笔架山。立于峰顶，远山近峦浩荡奔来，尽收眼底，极目东望，西江如练。

水便是西江，江面宽广，风帆片片。东流可达佛山镇、广州府，南下磨刀门即可放洋，沿江北溯至西、北江交汇之三水（另一水为四会县之绥江），西可达肇庆、梧州、南宁等处，北则通清远、英德、韶关诸地，越大庾岭而抵京。

西江滚滚，在高明县形成大片冲积平原，河网如织，土地肥沃，气候温和，农林牧副渔皆宜，素有"鱼米之乡"之誉。

区大相的童年就是在这宁静祥和的鱼米之乡度过的，两年后，弟弟大伦出生了——在以后的仕途中，这两昆仲将相互勉励，去面对不尽如人意的官场生涯。

祖父区曰琳共有八个孙子，在家族兄弟中，大枢排行第四，大相排第六，大伦排第七。在几个孙子里，祖父最疼爱的便是聪慧乖巧又有点小个性的大相，每天忙完农事，含饴弄孙是他最大的乐趣。

这天琳老爷从田里回来，刚在门前树上拴好牛，大相便牵着他的衣角到竹椅坐下，又颠颠地抱起爷爷心爱的大碌竹水烟筒送过来。这大碌竹水烟筒使用年代久远，早已油光滑亮，乃用村前南蓬山上好的大青竹制成，粗约三寸，长约三尺，竹筒中部斜插一个小竹管，是放烟丝的地方，竹筒内装着水，吸起来"咕咚"作响，大相便最爱听这"咕咚咕咚"的声音。

爷爷猛吸几口，然后闭上眼睛，张口慢慢地吐出烟雾，烟筒里响起清水徐徐落下的滴嗒声。

"今天都在和谁玩啊？"爷爷放下水烟筒，抚着蹲在旁边正托腮凝望烟雾升腾的孙子。

"爷爷，我今天跟嫲嫲学了《鸡公仔》，我唱给您听。"

大相站起来，面对爷爷，稚嫩的童声唱起：

> 鸡公仔，
>
> 尾婆娑，
>
> 三岁孩儿学唱歌。
>
> 唔使爹娘教导我，
>
> 自己精乖无奈何。

爷爷哈哈大笑："我家相儿最精乖了，呵呵。"

"还有呢，爷爷……"大相轻咳一声清下嗓子，一本正经地诵道：

> 点虫虫，虫虫飞，
>
> 飞开基，摘荔枝。
>
> 荔枝熟，堆满屋。
>
> 问你要生定要熟？

爷爷猛一下子想起来了，边掏口袋边问："那相儿是要生的还是要熟的荔枝呢？"

几颗红艳艳的荔枝在大相眼前摇晃。

大相高兴地用小手捧起荔枝放在桌上，剥开壳，晶莹的果肉散发着诱人的清香。

他往爷爷嘴里塞了颗，自己也吃了颗。

"怎么不吃了？"爷爷奇怪。

"我想等哥哥们下学后一起吃，他们还要教我认字儿呢。"

爷爷欣慰地说："好，好，好。"

随着识字越来越多，大相已不再满足于跟奶奶、婶娘们学童谣了，因为他发现了世上最美妙的事情——读书。

书籍是人类进步的阶梯，阅读给童年埋下美好的种子。

大相读书，甘之如饴，他像海绵汲水般如饥似渴地阅读各种书籍，孜孜不倦，虽不曾悬梁刺股，但废寝忘食却是常有的事。所以吃饭的时候，饭桌上总是不见大相的影子，就算是吃饭，他也是一边看一边吃。有一次吃糍粑，本来要蘸黄糖，他却蘸着墨汁吃得津津有味；夜晚挑灯读书，不觉睡去，灯倒油洒，烧着了被子，险些酿成火灾——家人遂唤之"书痴"。

父亲为哥哥们购的书籍，叠满了书房的一面墙壁，对面墙壁则是一面圆窗，窗下植着一树芭蕉，肥大翠绿的叶子探进窗棂。窗棂上镶着磨得薄薄的蚝壳，阳光透进来，在室内洒下淡白淡黄的光芒，仿佛时间都变得宁静而缓慢，最适合读书。

不过大相却不太喜欢在屋里读书，酷爱自由的他，时常携书籍，或老庄，或《楚辞》，或《诗经》，或李杜诗篇，在院子里桂树下读，在村里荷塘边、溪边品，甚至去河堤、田间的大树下看。

阳春三月，风和日丽，大相来到村东坊的大榕树下，浓荫成匝，繁花洒地。

这里本是村民们月夜话家常的佳处，因是白天，少无人迹，偶有画眉在枝间啾啾作声，旁边的阮溪流水潺潺，池塘的荷花随风摇曳,送来阵阵清香。

大相端坐在树下石阶,高声诵道:"噫吁嚱,危乎高哉!蜀道之难,难于上青天!蚕丛及鱼凫,开国何茫然!尔来四万八千岁,不与秦塞通人烟……"

诵读声吸引住一位过路人,他驻足问道:"细孥,你诵的是什么?"

大相抬起头,但见一位长者,身着长袍,鹤发童颜,他连忙站起来,回道:"老人家,我诵的是诗仙李白的《蜀道难》啊。"

长者道:"哦,是诗仙的诗啊,你可还会诵他其他诗篇否?"

区大相说:"会啊,还会《将进酒》《行路难》《梁甫吟》……《梦游天姥吟留别》尚不熟。"

长者心中称奇,口中戏谑道:"俗云:熟读唐诗三百首,不会作诗也会吟。既然你读了这么多李白的诗,可会作诗呢?"

大相好奇地打量着这位长者,村里的人这个时候大都下田了,他显然不像是田夫。

"嗯,我还从未作过诗呢,且让我试试。"

他环顾四周,只见满池塘红艳艳的荷花,一片片成荫绿树与清澈的溪水交相映照,系在竹丛下的小船儿随波荡漾,不由喃喃道:

> 吾家何在绿溪头,水上楼台竹下舟。
>
> 记得看花二三月,满塘红蕊涨新流。

我的家乡在哪里?就在那碧绿的溪水源头。水中屋宇倒映,叶叶轻舟漂荡。二三月的春深时节,最要记得来赏花啊,你看这整个池塘繁花似锦,芬芳扑鼻。一阵风儿吹过,落英缤纷,那深红、粉红的花瓣随风飘落在水塘之中,流入小溪,溪水也被染红了,就像一条红色的缎带在水中飘荡。

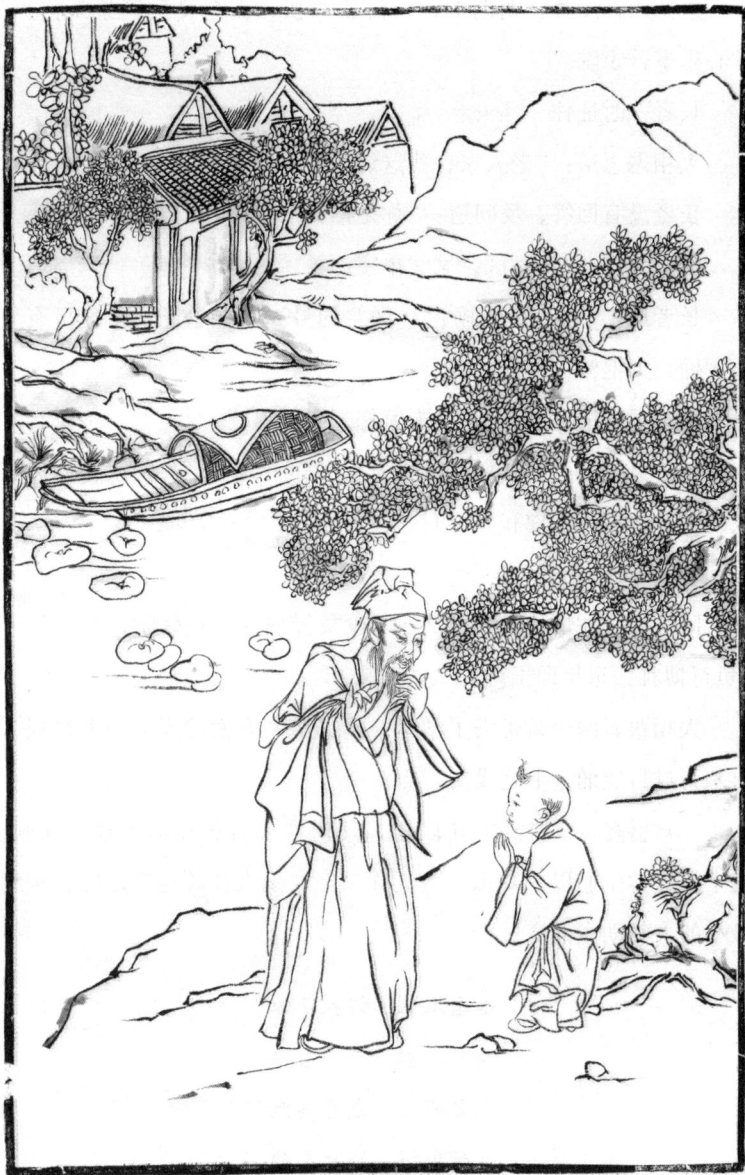

小大相荷塘赋诗

这诗语言质朴，朗朗上口，清新明快，真个良辰美景奈何天，赏心乐事吾家院。

长者一时怔住。

大相忐忑道："老人家，我这诗怎样啊？"

长者没有回答，反问道："你是谁家的孩子？"

大相答道："我姓区，家父单字讳益。"

长者道："哦，是区雨莲（区益的号）家的公子啊。你可有兄长大标、大枢？"

大相很奇怪："是啊，老人家您怎么知道？"

长者笑道："你要改口叫我先生了——细孥，快回家告诉你家大人，让他们允许你和兄长们一起去学堂吧。"

区大相之才情，时人谓之："少负异质，明敏好学，有器望。""负奇博雅，童年即工诗。"

大相跟着两个哥哥去了学堂，读书赋文方面的天分马上显现了出来，过目成诵，下笔成文。

一日盛夏，学堂外的花园里，几树木瓜青黄相间，累累硕硕，先生便让学生们以"木瓜"为题作文。在别人抓耳挠腮之际，年纪最小的大相朗声诵道：

> 垂垂木瓜，诗人所咏。
>
> 酸本我心，香亦吾性。
>
> 人之好我，或忘其病。
>
> 无劳琼报，忝此嘉命。

垂垂：低垂貌。宋张孝祥词："宫柳垂垂碧照空，九门深处五云红。"显然以之形容木瓜比柳枝更有质感。

琼报：报以精美的玉佩。《诗经·卫风·木瓜》："投我以木瓜，报之以琼琚。"

《诗经》中"投我以木瓜，报之以琼琚"一句广为传诵，似乎成为人们待人接物之道。其实呢，酸也好，香也罢，都是木瓜本来的属性，你喜欢也好，不喜欢也罢，它就是这样，各人各口味罢了。

就像欣赏我的人，可能会因为喜爱我而忽略了我的缺点，但无论你爱，还是不爱，我还是我。

所以呢，我以木瓜相赠，真的不需要您拿美玉回礼，对于您的厚爱，我很不好意思，很惭愧呢。

大相在这里以木瓜为咏，表达出自己为人处世的态度：依然故我，不受外界影响而保持自己的初心。

谁承想，这首年少时所咏之诗，竟是他一生的写照。

小小年纪，以物寄志，先生啧啧称奇。

又一日仲秋，师母采了束菊花插在瓶子里置于课室内，大相见了，咏道：

> 陶令采来菊，插之青铜瓶。
> 问君何为尔，珍爱等瑶琼。
> 懿此美人惠，复贻寒岁馨。
> 犹怜东篱下，日暮重含情。

陶令：晋陶潜，曾任彭泽令，故称。毛泽东《登庐山》诗：

"陶令不知何处去，桃花源里可耕田？"

东篱：陶潜《饮酒》诗："采菊东篱下，悠然见南山。"后因以指种菊之处，菊圃。

历代咏菊的诗篇大多逃脱不了陶渊明"采菊东篱下，悠然见南山"的范围，大相这首诗亦是如此，他以陶渊明采菊之典入诗，讲述采菊之乐。

为什么会对这束菊花如此珍爱啊，把它插在闪闪发光的青铜瓶里，如同对待美玉一般？那是因为这是美人亲手采摘下来送给我的呀，她送我的可不仅仅是一束花儿，那是寒冷岁月中的一缕馨香。

东篱菊圃畔，落日余晖中，那是怎样的情谊啊。

这也太人小鬼大、少年老成了点儿吧？

先生叹道："汝子乃庙堂之器，吾无可教也。"

从此，方圆十里八村都知道，阮埇村有个先生都教不了的"神童"。

父亲

"神童"在家乡快乐成长的时候，父亲区益正在浙江泰顺抗倭。

嘉靖三十八年（1559）十月，区益出任温州府泰顺知县。虽是平迁，但从富庶的鄱阳湖畔调到贫瘠的泰顺山区，也多少与他性格耿介、得罪人多称呼人少有关。

其时日本浪人、沿岸海盗常到我国福建、浙江沿海劫掠，温州府沿海地区的乐清、永嘉、瑞安、平阳一带几乎每年都有倭寇上岸作恶，人民被屠戮，房屋被焚毁，生产遭到严重的破坏。

这年十一月，倭寇五千余人自福建福鼎桐山登陆，因当地官民防范严密，倭寇转而奔袭附近的泰顺。

泰顺位于福建、浙江交界的内陆山区，向来无防备，倭寇连续攻破排岭隘、石门隘等地，缨锋直指县城罗阳。

此时的区知县刚刚赴任月余，城内百姓人人惶惧不安，以为必遭劫难。

青砖灰瓦的县衙，大门、仪门紧闭。门外挤满惊慌的百姓，吵嚷喧哗；大堂之上，区益正与幕僚们开会，时已过午，还没商量出个对策来。

县丞神色凝重道："现今敌寇来势汹汹，我等当避其锋芒。我建议先避居州府，再从长计议，所谓留得青山……"

区益挥手打断他话："如何避？这一城百姓都不用管了？你我身为朝廷命官，自当保一方百姓安宁！"

把总卢琦慨然道："老子反正坚决不走，誓与罗阳共存亡！"

指挥李元佐也拱手道："愿凭大人驱使。"

区益站起身来，厉声说道："既如此，各位请随我来。"

登闻鼓咚咚响起，县衙大门缓缓打开。

区益大踏步走出来，只见百姓们扶老携幼，有的抱着鸡鸭，有的牵着猪羊，都是满脸的恐慌，这更是坚定了他护城的决心。

"各位乡亲，我们不会丢下大家不管。"区益大手一挥，"请乡亲们静一静，我有几件事情要宣布。"

躁动的人群渐渐平息下来，大家都眼巴巴地望着他们的知县大人。

"倭寇入侵我泰顺几日来，烧杀抢掠，无恶不作，县府岂能坐视不理？望乡亲们与我们一道，齐心协力，赶走倭寇，保我家园！"

下面响起一片应和声："赶走倭寇，保我家园！赶走倭寇，保我家园！"

区益举起手，示意大家安静，他洪声道："其一，各位乡亲若还有在城外居住的家人或邻居，请火速通知他们搬入城内，乡亲们的起居饮食由县丞大人负责。"

"其二，坚壁清野，把吃的用的能拿走的都拿走，不能拿的就烧掉。水井也放上毒，一口水也不给倭寇喝！这件事情由主簿大人跟进。"

"其三，鉴于倭寇五千余众，县府兵员不足，现募青壮乡亲以为义勇，共卫罗阳。义勇之待遇与官兵相同，请大家于卢把总处报名、训练。"

县丞插口道："府上没有义勇的这项开支啊。"

区益瞪了他一眼道："本官自有办法。"

"其四，罗阳城墙年久失修，护城河亦淤浅阻塞，由李指挥负责加固疏浚。"

"另，卢把总、李指挥火速安排兵勇加紧巡逻侦缉，一有敌情，马上报告，不得有误。"

众人领命都去准备了，百姓们也各自散去。

区益转身对老家人区大道："咱家官俸尚余几多？看来要先拿出来用用——这还远远不够啊。对了，你且随我去王乡绅家走一趟，他可是咱泰顺的大户啊。"

…………

十二月十一日，卢琦侦察出这天倭寇将于东门进犯，遂报告区大人，区益马上召开战前军事会议，如此这般做了周密安排。

此时罗阳城内已募坑兵（矿工）、乡兵（农民）义勇数千人，看着家园被倭寇蹂躏，早就怒火冲天，摩拳擦掌准备和倭寇大干一场。

凌晨。

天降大雾。

趁着雾色，倭寇的先头部队悄悄地摸近城门，看见只有几个老弱兵卒抱着长枪游荡，以为守城官兵早就给吓跑了，遂通知大部队跟进。

倭寇不费吹灰之力，攻入城内，一个个心头大喜，想着又可以大肆抢掠了。谁知进城刚半，一声炮响，但见一根根削尖的毛竹，犹如标枪般从天而降，一时间倭寇鬼哭狼嚎，死伤惨重。

倭寇知道中了埋伏，仓皇撤退，这时两侧又杀声阵阵，涌出几路人马，大刀挥舞，长枪翻滚，倭寇且战且退，留下几百具尸体，大败逃遁。

泰顺保卫战取得完胜，狠狠地打击了倭寇的嚣张气焰。

当时倭寇在东南沿海横行，泰顺军民挫其锋芒，使东瓯一带得以安宁，这要数区益功劳最大。

庆功宴上，觥筹交错，各州县官员都向幕府敬酒，并献上地方特产。

幕府掂掂沉甸甸的礼盒，喜笑颜开："有功。"

轮到区益了，他送的是泰顺山区的顶级乌龙，幕府撇嘴不屑："怎么这么轻啊？"

宴毕，县丞把区益拉到一边，语重心长地悄声说："幕府大人知你抗倭有功，但是要升迁嘛，还是要打点打点啊。"

区益冷冷道："我们县衙大堂有一屏风，上书《山水朝阳图》，曰山正、水清、日明，益以此为鉴。但求问心无愧，至于升迁不升迁，是旦吧。"

最后一句是广东话，"随便"的意思。

县丞以为是骂人的话，急道："你这人怎么讲粗口呢？"

区益笑道："随便。"

关于这件事，其子区大伦后来在给天启帝的上疏中写道："上功幕府，以贫无千金，孤绩不叙，赠予他人。"

区益的抗倭事迹，虽然不如俞大猷、戚继光般彪炳史册，但他同样用自己的举动告诉倭寇：所有踏上这片土地的侵略者，都将付出沉重的代价！

封侯非我意，唯愿海波平。

战事渐息，区益将预备粮仓由乡村迁移到县城，以断绝倭寇抢掠粮食的路子。同时，他利用县财政，疏浚了泰顺南关河道，命人用石头加固旧城城墙，并依山势在旧城的基础上扩建新城，以防止倭寇再次侵犯。

泰顺向来号称"难治"，即难以治理之地。区益在泰顺任职六年，兢兢业业、勤勤恳恳地做好本职工作，他革除诸多不合理的损民弊政，修葺学宫，教导民众向学从善，培植纯朴民风，做到"弊无不革""利无不兴"，泰顺因此"大治"。

嘉靖四十四年（1565），区益因政绩显著，终于官升一级，被擢升广西庆远府同知。

离任之际，不要说城里的乡绅士民了，就连乡下的老人家、巷弄里的孩童都来送行，他们用手攀着区知县的车辕，送了一程又一程，哭泣着恳请区知县留下来。

感念区知县德政，泰顺人民自发请温州府大才子侯一麟写了一篇颂文，建亭立碑，以期永志。侯一麟《龙门集》中《泰顺区侯去思碑》一文记道："乙丑仲夏，（区益）用常调擢广西庆远同知。山谷老叟，闾巷稚子，无不嗟泣，攀车扶送累日，乃谋树亭颂德。此岂非无所为之民，而出之愿朴为尤难者耶！"

所谓去思碑，就是某位官员在任上时，做过许多好人好事，泽被一方，他卸任离开之后，人民犹自怀念着他，于是在通衢闹市的醒目之处，树一方石碑，刻上该官员在任时所作的仁政善举，让人们经过时一眼就能看见，油然而起景慕怀念之情。该碑现存于泰顺博物馆。

为官一任，造福一方，百姓谁不爱好官？

心里装着百姓的官，百姓永远怀念他。

因区益在温州抗击倭寇，才识洪迈，克己为公，后世人多以"区温州"称之。

少　年

　　嘉靖四十一年（1562），隐忍而坚毅的徐阶终于斗垮严嵩，出任首辅。他日夜操劳，努力工作，在他的卓越政治领导下，国库收入开始增加，懈怠已久的军备重新振作，明代又一次走上了正轨，有人称之"嘉靖中兴"。

　　在遥远的阮㙟村，那个先生都教不了的区大相，已然翩翩少年。

　　爹不在家，先生又教不了，那就玩呗。

　　怎么个玩法？且听区先生自己说吧。

> 昔年十四五，意气无与比。
> 富贵不关心，功名何物是。
> 经过紫陌场，被服纨与绮。
> 清阳既婉如，侠烈性复尔。
> 阳春二三月，游戏出都市。
> 臂鹰草泽中，调马垂杨里。
> 黄金结壮士，白璧投媚子。
> 行乐苦不足，明岁复如是。
>
> ……

紫陌：泛指帝京之道，用以喻虚幻的荣华。唐刘禹锡诗："紫陌红尘拂面来，无人不道看花回。"

清阳：眉目之间。清，指目；阳，同"扬"，指眉。此处指区大相自诩眉清目秀、玉树临风，很帅气。

臂鹰：架鹰于臂。古时外出狩猎的标配。唐元稹诗："从骑爱奴丝布衫，臂鹰小儿云锦韬。"

那时候的我啊，十四五岁，意气风发，视富贵如烟云，视功名如粪土。阳春三月里，天高气爽，眉清目秀、玉树临风如我者，学着古代游侠，骑着高头大马，穿着绫罗绸缎，手臂上架着鹰隼，或在郊外草泽中狩猎，或在鲜花杨柳间流连。

黄金，那是我用来结交壮士的；白璧，那是我赠送美人的。

这样阳光灿烂的日子过了多久？

"行乐苦不足，明岁复如是。"

这首诗是区大相四十岁时的感慨，完全一副纨绔官二代子弟的模样。应该有夸张和自嘲的成分在里头，不过他寄情山水，喜欢借景抒怀倒是千真万确的。

幸甚至哉，歌以咏志。

在山水清赏之中，区大相托物言志，抒写着自己的理想追求和孤高清莹的襟怀。

沿西江南下数里，南海九江河段有海目山，因山头酷似担来之海沙堆积，乡人谓之"担担沙"，古人又名之"偶山""海目""担峡"。两岸并立，其形如目，麓多奇石，"偶山夜月"乃明代九江八景之第一胜景。山内双顶松风、龟漱湍流、龙湾云气、朝暾石壁诸景，争奇斗艳，美不胜收，区大相时常流连忘返，给自己起了个老气横秋的号：海目山人。

后人陈子升《游海目山醉后怀区海目先生》："西江汇流南海澨，我家海曲甘樵渔。四月五月荡轻桨，言游海目尝鲥鱼。海目双峰临丙穴，江心万族归圆折。……海目区公擅此山，岂有才士香名人不道。劝君高歌快意游，眼前富贵水东流。愁来白发三千丈，醉上丹梯十二楼。"

后人屈大均亦有诗："烂鳞粉颊满渔船，煮用涓涓海目泉。海目山人不可见，中流一啸寄澶川。"（阮埇又名澶川）

西樵山隔着浩浩荡荡的西江便望得到，自然要去一游。

西樵山是广东名山，与罗浮山一起被称为东西二樵，南越王赵佗曾于春日专程来此赏花。

屹立于广袤的珠江冲积平原之上，西樵山显得格外险峻挺拔，正如古人所形容的："群峰如拜、如伏、如拱、如侍卫。"登上山顶，极目天舒，只见西、北两江宛若白练萦绕，三角洲的百里平原、桑林蔗海、鱼塘河涌尽收眼底。

西樵山不仅是一方风景优美的胜地，而且是一处史前人类活动的石器遗址，被誉为"珠江文明的灯塔"。

> 溪上茅堂昼掩扉，松门咫尺往来稀。
>
> 秋林响处归鸾鹤，春雨生时长蕨薇。
>
> 樵径定穿云里入，泉声应向竹间飞。
>
> 不知空外茶烟起，若个人家住翠微。

松门：谓房前植松树作为屋门。唐王勃有"松门听梵音"句，宋陆游有"老僧晓出松门去"。

鸾鹤：鸾与鹤，相传皆为仙人所乘，亦代指仙人。

蕨薇：蕨与薇均为山菜，指代野蔬，《诗经》云："山有蕨薇。"

　　潺潺小溪边的茅庐，门前种植着郁郁苍苍的松树，就算是白天也没什么人造访，所以轻掩门扉。春天之时，雨水无声浸润，各种野蔬在春雨中舒展开嫩绿叶芽；秋天来临，静谧的树林深处突然簌簌有响，原来是归巢的鸾鹤。泉水叮咚，在竹涧里流淌，打樵人常年行走出的小径，远远望去，仿佛插入云霄中。天空里不知何处升起了几缕炊烟，这是煮饭呢，还是烹茶？究竟是谁这么有福气，能住在那青翠掩映的缥缈仙境啊。

　　区大相一生咏西樵山的诗篇极多，应是经常游历的缘故。这首诗描写了西樵山节令的变化，展现出一幅动静相宜的优美画卷。

　　沿西江西行，有德庆锦石山俯临西江，高百余丈，璀璨斑斓，向谓西江第一奇观，当然要去一观。

> 西行至锦石，兹山何巑岏。
>
> 上有千花树，照耀紫云盘。
>
> 人传汉陆生，奉诏日南端。
>
> 片语下南越，千金入长安。
>
> 赵主降黄屋，粤俗为衣冠。
>
> 使还至此山，云锦绕层峦。
>
> 百万秦戍卒，三千汉材官。
>
> 铜标绝炎塞，横海泛波澜。
>
> 时来片语易，事去六师难。
>
> 功成在龙奋，名立附云翰。

志士不偶时，终古为悲酸。

仍闻桂江水，上接乌蛮滩。

嶻嶻：耸立貌，形容高峻的山峰。

紫云盘：一种山花，也有山椒子、川血乌之称，花姿艳丽，香远益清。

陆生：指汉代陆贾，口才极佳，早年随刘邦打天下，常出使诸侯。汉文帝时出使南越国，劝说赵佗废去帝号，归顺大汉。出使任务完成后陆贾返途经锦石山游赏，只见彩霞环绕着层层的山峰，不由得被美景所征服。

赵主：指南越王赵佗。秦末，时任南海郡尉的赵佗乘秦亡之际，封关、绝道，兼并岭南的桂林郡、象郡，于公元前 204 年建立南越国，自号"南越武王"。南越国全盛时疆域包括今中国广东、广西（大部分地区）、福建（一小部分地区）、海南、香港、澳门和越南（北部、中部的大部分地区）。

黄屋：指古代帝王专用的黄缯车，借指帝王。

材官：秦汉时期设置的一种地方预备兵兵种，山地或少马的地方多步兵，叫作"材官"，平地或多马的地方多骑兵，叫作"车骑"。

铜标：东汉马援征服交趾后，立铜柱为汉南边疆界的标志。《广州记》曰："（马）援到交趾，立铜柱，为汉之极界也。"

六师：天子所统六军之师。周制一万二千五百人为师，"六师，天子六军"。后为天子军队之代称。

乌蛮滩：在西江上游之郁江边，后人为纪念伏波将军马援南征交趾、平定叛乱、定界疆域，便在乌蛮滩建伏波庙祭祀。

诗中记述了大相在游历锦石山时的所见、所闻、所感。

只见锦石山山峰高耸，遍布花树，繁花似锦如彩，映照着山崖间红彤彤的紫云盘。

遥想起，汉初之陆贾奉汉文帝之命到岭南劝归赵佗，他凭借自己的智慧，三言两语就把事情解决了，成功令赵佗废除帝号，重新向汉朝臣服。从此之后，被称为"南蛮之地"的百粤地区也成为文明教化泽被之地，陆贾也因此获得千金赏赐。

再想起，秦代有百万士卒戍守岭南，汉代有马援将军征交趾、平叛乱、定疆界。虽然路程遥远、山水阻隔，就算海上掀起滔天巨浪，都无法阻碍这些奋发成功、报效国家的勇士俊杰们，他们的功绩都配得上朝廷的嘉许和人们的世代推崇。

但再想深一层，如果时运来到之时，不过只语片言就可以成功的事情，或许在时机过后即便出动大军也于事无补啊。如果没有遇到好的机遇，即使胸怀满腔的抱负和才华，也难有施展之地啊，只会落得满腹悲愤辛酸。

唉，我还是别再多愁善感了，听说郁水之畔的乌蛮滩还有座伏波庙呢，找时间也去拜谒下吧。

沿西江再西行，有德庆之三洲岩，又名仙翁岛，取"蓬莱第三洲"之意，屹立西江之滨，鬼斧神工，当然要看。

> 闻说岩林胜，西浮锦水春。
>
> 云归瑶径失，雨洗石苗新。
>
> 折桂期山客，攀萝蹑羽人。
>
> 居然成独往，何用记来津。

折桂：过去谓科举及第，此处意为采撷桂树枝条。

山客：指隐士。

羽人：有翼之人，多指代仙人，道家学仙，因称道士为羽人。唐钱起诗："宝字比仙药，羽人寄柴荆。"清朱彝尊诗："偶寻樵子径，因访羽人居。"

来津：渡口。

　　早就听说过三洲岩的奇丽景观，堪称名胜，终于有一天，乘着一江春水到这里游览了。只见蜿蜒插入山中的小径消失在白云缭绕的深处，春雨洗去积尘，令座座石峰一片青翠。我折下一条桂枝，期盼着能送予深山的隐者；我攀附着藤萝登上山峰，希望能遇见羽化飞行的仙人。我悠哉游哉，施施然独自徘徊，如此仙境，就算迷路，记不起回去的渡口，又何妨呢？

　　肇庆七星岩，传说是女娲补天所留七块灵石所化，如此神奇瑰丽，大相肯定也要去。

　　　　仙山对城郭，累累七星石。
　　　　中有太古文，世人了不识。

　　层叠高耸的七星岩仿佛一处神仙居住之所，这一处山水胜境正遥相对着肇庆府，点缀在喧嚣繁华的城郭之外。历代到此游玩的名人不计其数，很多人曾在此留下墨宝。在岩洞中除了千奇百怪、各种形状的钟乳石外，还能发现久远的先人遗迹，但这些太古文字，已经没有多少人认识了，不由让人感叹世事沧桑。

"少无适俗韵，性本爱丘山。"

从小就朝夕和美丽的山水田园景色接触，区大相自然养成了淳朴率直的性格。因为酷爱读书，他的精神生活是相当丰富的，"少年罕人事，游好在六经"，那些儒家的、道家的经典，史学、文学等类的名著，都引起了他极大的兴趣和丰富的想象。儒家的经典，教导他有所进取，龙奋功成，名立云翰；道家的哲学，又使他向往隐逸自由的生活，折桂期山客，攀萝蹑羽人；同时，岭南文化的低调务实，又教育着他踏实做人，认真做事。在游历过程中，区大相逐渐建立起自己的价值观和人格理想——而这也决定着他以后的人生轨迹。

猛想起，高要之端溪，盛产砚石，端溪砚乃砚中上品。作为读书人，自然也得去走走。

所以一连几日，区大相流连在高要、端溪山水间。

> 烟霏生暝色，信宿伴渔樵。
> 地静林无瘴，溪喧水是潮。
> 落霞连雁足，残烧隔山腰。
> 虽听江城笛，何言乡路遥。

暝色：暮色。南朝谢灵运诗："林壑敛暝色，云霞收夕霏。"

信宿：谓两三日。唐萧颖士诗："信宿千里余，佳期曷由遇。"

残烧：本指余烬，此处指晚霞。唐张乔诗："鸟归残烧外，帆出断云间。"

我连着几天都在高要游历，经常与附近的故老或打鱼砍柴的人闲聊，了解地方风土人情。云雾弥漫，暮色渐浓，安静的树林中已没有了瘴气，只听得溪水喧闹的声音，估计是晚间潮水涨上来了。

夕阳西沉，火红的晚霞布满了天空，溪边的山峰高耸入云，一些晚霞似乎就挂在半山腰上。一行大雁在天边排成个人字，仿佛飞翔在晚霞之上。隐隐约约地从江边传来思乡的笛声，或许因为沿途景色美不胜收，我这漂泊在外的游子却未曾感觉到离乡的惆怅呢。

夜深人静，皎洁的月光照在床边，仿佛洒下一层薄霜，孤身在外的大相，辗转难眠。

青春的荷尔蒙在体内燃烧，这把火在心里烧得实在让人难耐。

窸窸窣窣，大相披衣起床，天上十五圆月，恰如曼妙少女。

> 艳质正婵娟，韶光复可怜。
>
> 能歌初按拍，学弹始调弦。
>
> 柔意才含蕙，芳心半吐莲。
>
> 惟应三五夜，璧月此长圆。

婵娟：本是形容月、花，宋苏轼《水调歌头·明月几时有》词："但愿人长久，千里共婵娟。"《金瓶梅》有："不醉莫言还，请看枝间，已飘零一片减婵娟。"古诗文里也多用来形容姿态美好的女子。

韶光：美好的时光，比喻青春年华。元王子一杂剧："只恐韶光易零落，何时重得会刘郎？"

可怜：可爱。《玉台新咏·无名氏古诗〈为焦仲卿妻作〉》："东家有贤女，自名秦罗敷。可怜体无比，阿母为汝求。"

璧月：对月亮的美称。南朝简文帝诗："龙星启曜，璧月仪天。"

在诗中，区大相将圆月想象成一位芳龄十五的佳人。

佳人正值十五妙龄，资质艳丽，恰似天上明月一般，是人生最美好的时候。

此时的她啊，刚刚学习唱歌和弹琴，冰雪聪明的她，已经懂得调试琴瑟的曲调。雏莺初啼，宛如天籁之音。

她在懵懵懂懂中开始萌发绕指柔情，在半遮半掩中开始琢磨爱情为何物。

如此无缺无瑕的佳人，愿世人能够如我般珍惜她，生死相许，做对痴情儿女，让她年轻的生命之花永远绽放不凋零。

此诗名"拟佳人年十五"，诗中所展现的澄澈柔美的月夜，静静地渗透出大相婉约深长的情思，分不清哪是景语，哪是情语，处处流露着对青春年少的赞颂，羡煞旁人。

这一日，区大相又在山中游历，不觉就迷了路。

时近初夏，天已热得要命，他又渴又累，便顺着一条小径向前，不觉闯入一座山谷，一片村庄赫然眼前，屋舍俨然。

村口立一黄蜡石，上面龙飞凤舞地书着个"罗"字。再向前，来到一户人家，大相叩响门扉。

门扉开处，一位绿衣少女娉婷而立，长辫及腰，含笑不语。

大相望去，只见少女一双大眼，宛如秋水，眼眉尽处，是一颗小巧的痣，令俊俏的面庞端庄里含着风情。

不知为何，大相的心突然"怦"地一跳，脱口而出道："绝代有佳人，幽居在空谷。"

少女嫣然一笑，贝齿轻启："天寒翠袖薄，日暮倚修竹。"

"这个，打搅了。"大相收回心神，拱手弯腰道："我在此间迷了路，想讨杯水喝。"

少女抿嘴点头，转身回屋，少顷，端着一大瓢清水送过来。

大相站在门槛外，双手捧瓢，咕咚咚一饮而尽，然后失礼地打了一个饱嗝。

他把空瓢递回给少女，掩饰地用衣袖擦擦额头的汗珠和嘴角的水珠，没话找话般问道："姑娘可姓罗？"

"是啊，我姓罗。"少女说，"我们全村的人都姓罗。听老人家讲，在大宋朝时候我们就搬到这紫云谷来了。"

"哦，此处叫紫云谷啊。那——那座山叫什么山？"大相指着不远的一处峰峦问道。

"听老人家讲，此山叫烂柯山。"

"呵呵，"大相笑道，"是不是老人家还讲：从前山下村里有一位叫王樵的人，砍柴为生。一年春天，王樵拿起斧头上山砍柴，经过一个桃花洞时，见两位老人在一块青石边下棋，他就撂下柴斧，蹲在一旁观棋。一局棋下完，两位老人起身向洞的深处走去。这时王樵才想起自己是来砍柴的，连忙去捡柴斧，不料却发现斧柄已经腐烂。柴砍不成了，只好顺原路回家。出得洞来，他觉得先前的林木、道路好像都变了，归途只能依稀辨认。总算回到了村里，见往来老乡都是陌生人，他诧异地上前询问自己的家，人们告诉他，王樵上山打柴，一去不归，至此已有八百年了。这时王樵才意识到自己遇到了神仙，而自己也成了仙。从此，人们就把这座山唤作烂柯山。"

"你也知道那王樵看棋烂柯的故事？"少女很是惊奇。

大相笑而不语，道谢后，潇洒地转身离去。没走多远，听得身后的门又吱呀打开。

"等一等。"少女追上来，递给大相一串黄澄澄的大蕉，说道："你再迷路就吃蕉吧，又饱肚又解渴。"

大相心头一暖，再次道谢离去，绕过村口黄蜡石时，身后传来少女的声音："你——你叫什么名字？家在何方？"

"高明阮埇村——小生区大相。"风中飘过少年洪亮的嗓音。

哪个男子不善钟情？哪个少女不善怀春？

一段姻缘由此而起。

少年区大相相貌堂堂，玉树临风，儒雅倜傥，时人曾记之：温文尔雅，姿仪典则，昆弟竞爽——又如何不掳少女芳心？

过年

万卷书嘛，自然是要读；万里路呢，当然也要行。

几年下来，家乡附近名山秀水游历殆遍。

对于大相的游历，村人多看不惯，叹息一个好好的"神童"就这样给毁了。

然而，琳老爷却非常支持自己的孙子，每次游历回来，爷孙俩总是相谈甚欢。爷爷喜欢听大相讲各地的山川形势、风土人情，有时大相还读沿途诗作给爷爷听。爷爷虽不甚了了，但一概连连点头称好，好像终于找到了反驳村里人的理由。

"就是嘛，学问长在腿上，读万卷书不如行万里路。"

"纸上得来终觉浅，绝知此事要躬行。"大相笑着附和。

"不过，"爷爷说道，"这段时间可不能再往外跑了——快过年了，在家好好过年吧。"

太阳从西樵山诸峰照过来，染红西江水。

四乡的渔船涌过来，渡口热闹起来。

沿河堤摆满了大大小小的木盆，盆子里摆动着生猛的西江河鲜，一股浓浓的鱼腥味蔓延开去。

涌到河堤的还有四乡的乡民，他们在地上铺上一块布，四角用石子压住，便开始摆档做生意。有卖米粉的、卖生果的、卖腊味的、卖煎堆的、卖茶叶的、卖糕点的，各种食品，应有尽有。还有卖时花的、卖新碗筷的、表演说唱的、打卦算命的、醒狮助兴的，各色人等，摩肩接踵。当然，少不了喜庆气氛的物品，像土地财神、年画门神、香蜡火烛、烟花爆竹等。各类年货琳琅满目，好不热闹。

摊主们大声吆喝着，招揽生意。顾客们不停地讨价还价，一心想买到又合心意又实惠的物件。

熙熙攘攘的人群延绵好几里，男女老幼手里都拿着各种各样的年货，你挤我，我挤你，推来拥去；可所有的人都是快活的，谁被谁踩了一下或者撞了一下，大家都不会介意。

一道河堤，一片欢笑，一派繁荣和谐。

啊！过年了！

有精明的商家，支起锅来现场卖濑粉。

濑粉者，逢年过节，高明人餐桌必备。

这濑粉的工艺可不简单。

先将上好的大米洗净，用没过大米约一指的清水浸泡过夜。第二天一早，沥米晾干，小石磨反复研磨，直到细腻无比，然后以温开水和之，拌匀成晶莹的米浆。

检验米浆是否已好，只需舀起一勺，徐徐倒下，看是否形成一条长长细线，绵绵不断。

接着，开始准备配菜。

大头菜切成细细的丝，浸泡在清水中，为的是除去其中过多的盐分。

鸡蛋磕开打散，油锅烧热，摊薄薄的一层蛋饼。

热锅下油，放入切成小条的猪肉，翻炒至变色收缩。

继续热锅，下少许油，放入打好的鱼胶，以锅铲压扁鱼胶煎成鱼饼，至两面发黄、油消泡鼓的状态就是熟了。

翻炒姜丝、蒜片、尖椒之类。

蛋饼切成丝细，鱼饼也切成小条。

配菜准备完毕，便开始烧水。待水大开，取出七孔粉瓯，以勺舀浆，过模子而注入沸水。

此处可注意了，最是关键程序。那模子离水面不能高，也不能低，仅约一两指。太低容易断线，过高就会粘成了一块儿。

火，必须大！若是水不够沸滚，濑粉则会粘在一起。所以这时，掌勺师傅总是要大呼："加火！加火！"

须臾，濑粉浮起，以长竹筷打散调匀。再过少顷，即以大笊篱捞起，立马放冷水中浸泡过浆。

这也是有讲究的，如此过冷河，则粉与粉离开，条条分明。

然后竹筷挑起，沥干水，放入碗内，再依次加上头菜丝、鸡蛋丝、瘦肉条、鱼饼条、姜蒜之类和炒好的花生，洒上葱花、芝麻，调入大盐、蚝油、白糖、生抽，淋上以大猪骨、阉鸡骨、西江河鱼骨熬制的高汤，一碗香喷喷的高明濑粉宣告完成。

此粉也，色、香、味俱全，入口软、韧、爽、滑，甫吃一啖，即齿颊留香，令人回味无穷。

因为工艺复杂，制作时间长，所以平时家里鲜有食用。大人都舍不得吃，只买了一小碗给孩子。"快吃，趁热吃。"眼中满是父母的宠溺。

大伦已描了几年的帖，沾沾于自己书法的长进，便鼓动大相去河堤摆档，给乡民挥春——也就是写春联。几兄弟一商量，反正闲着也是闲着，便欣然结伴前往。

桌子摆好，铺上毡布，大标便裁起红纸，长条的放一摞，写框对；稍短的放一摞，写门芯儿；还有短条的、方形的、菱形的，要写横批、斗方如五谷丰登、四季平安之类。大枢则挽起袖子负责磨墨，大伦一边润笔，一边和大相研讨着字体的架构笔锋。

刚准备好，便有一老者凑过来，伸出一只巴掌道："我家有四扇门，麻烦几位后生帮写几副春联。"

大伦说好，略一沉吟，挥笔写道：

> 声声渔歌晓迎红日出；
>
> 点点风帆暮载锦鳞归。

大枢抢过笔，说道："我也来个。"一挥而就。

> 爆竹一声除旧岁；
>
> 桃符万户迎新春。

写毕将笔递给大相，大相蘸好墨汁，提笔写道：

> 润物无声上善若水育万世；
>
> 德厚流光中庸为道承千秋。

然后将笔交给大标，说道："大兄您也来个。"大标接过笔，思索了下，写道：

> 春种一粒子；
>
> 秋收万担粮。

老者歪着头，兴致勃勃地看着几个年轻人挥毫。

不一会儿，四副春联都写完了。老者小心收起来，问道："收几个钱？"

几兄弟答："我们不收钱。"

老者连声道谢，高兴地走了。

听说不收钱，桌子前立马挤满了人。

几兄弟轮流写着，忙得不亦乐乎。写完最后一张纸，太阳已经西沉。

他们搬着桌子，拿着笔砚，说说笑笑走回村里。

落日的余晖照耀着几个风华正茂的年轻人，在不久的将来，他们都将去面对各自坎坷的人生——但现在，且尽情欢畅吧。

临近村口，噼噼啪啪的爆竹声次递响起。石井旁边，几个小孩排成队，一手举着支燃着的檀香，一手握着个染红的鸡蛋，正围着石井转圈，一边转一边唱着：

> 卖懒，
> 卖懒，
> 卖到年三十晚，
> 人懒我唔懒……

几兄弟相视一笑，一起唱道：

> 卖得早，
> 卖俾广西王大嫂；
> 卖得迟，
> 卖俾广西王大姨……

对于小孩子来说，过年最盼望的事莫过于有好吃的，好玩的，还有利是（压岁钱）收；而对于年轻人来说，最盼望的却是过正月十五的元宵节——小踏青节。

阮埇一带乡俗，元宵节这天，附近村里的未婚姑娘早早就起了床，梳洗打扮得漂漂亮亮，穿戴得光光鲜鲜，脚穿花木屐，手挽青菜篮，成群结队去户外踏青。用过早饭，她们便来到村里早已选中的人家的菜田，采撷青菜，俗称"偷青"。

此日各家的菜田也是任采不禁，甚至有男孩的人家还盼望有人来偷呢。村里的后生则借口为防止有人偷菜，早早守候在菜田。等姑娘来摘菜时，少男少女便借机攀谈，如情投意合，便相约交往或提亲。

朝阳徐徐升起，村外的菜田里陆陆续续迎来一位位姑娘，她们或三五成群，或两两结伴而行，一会儿窃窃私语，一会儿掩口轻笑。再看守田的后生，一个个忙赔着笑脸，挨过去搭讪，有的还主动抢过姑娘的菜篮，扯着自家的青菜装得冒尖儿。

大枢和大伦笑道："唉，一个傻仔。"

入乡随俗，况且是乡俗。大标已经成家，大枢便拉着大相、大伦早早来到自家的菜田。大相虽然喜静，也喜欢热闹，尤喜民间风物。一畦畦青绿的生菜、通菜、茼蒿挂着露珠，在朝霞里生机盎然，他饶有兴致地望着快快乐乐的少年男女们，心里充满喜乐。

"哎，有人来偷咱家的青。"大伦用手肘捅下四处张望的大相。

大相转过身来，只见两位身着绿裙的少女轻盈盈地走来，走近一看，他不由惊讶得张大嘴巴。

"你——你怎么会在这里？"

青菜园情定终身

少女长辫及腰，一双大眼宛如秋水，秀眉尽处有一颗小巧的痣，她笑道："我姑姑家就在这附近的阮西村，我过来拜年，顺便多住几天。这位是我表姐。"

大相忙不迭地拿过少女的菜篮，语无伦次地说着："你喜欢吃什么菜？生菜？茼蒿？我采给你。"

大枢和大伦相视偷笑："唉，又一个傻仔。"

成家

换过生辰八字后，琳老爷非常满意，罗家是高要大户人家，也算是门当户对。

后人有记："罗宜人出高要望族，闲于大义，俭积好施。"

古时婚姻讲究"六礼"，指从议婚至完婚过程中的六种礼节，即：纳采、问名、纳吉、纳征、请期、亲迎。纳采即男方家请媒人去女方家提亲，女方家答应议婚后，男方家备礼前去求婚。然后是问名，即男方家请媒人问女方的名字和出生年月日。

喜娘笑嘻嘻地拿来小罗姑娘的"年生"——就是写明姓名、出生八字、籍贯的红帖，把姑娘夸得像朵花儿似的。祖母也笑吟吟，郑重接过，供在祖先的神台，口里念念有词，卜问神灵，此所谓纳吉。

母亲则忙不迭地拿出早已准备好的糕点招待喜娘，她拼命劝喜娘多吃，多多益善——希望糕点上的糖可以粘住喜娘的牙，好让她去罗家多说好听的话。

这"年生"要供数日，其间不可有不如意的事发生，如人畜生病、打破碗碟、烧糊饭菜等不祥之兆。琳老爷之所以那么开心，就是这几天不知为什么，一只掉了多年的老槽牙竟又长出来了；把大相的八字和罗姑娘的八字拿去明城最有名的相士看了，亦是极合。所谓人逢喜事心情爽，吃啥啥香，整天乐呵呵。

不几日，喜娘又踏进门来，这次是商量聘礼，俗称过大礼，亦即纳征，或纳成，意为先纳聘财而后婚成。原来罗家人也将区大相的"年生"给相士推算，并无相冲；卜于祖先，亦是吉兆，自是欣然同意。

几番往来，终于商定好礼金、礼饼、聘礼诸物：海味须有发菜，取其发家之意，猪肉一片相连开二，意即"喜（起）双飞"，大鲮鱼则表示有声（腥）气，椰子两对，意即有椰有子。芝麻一担，以其种植不移之子，暗喻守信不渝之婚约。生果若干，意即生生猛猛，此外还有莲子、百合、槟榔、红枣、花生之类。以上物件都须双数，取好事成双之意。

接着是请期，即男方家择吉日定婚期，备礼告知女方家，求其同意。如果双方无意见，就剩下最后一道程序——亲迎。

在等待心上人时，从纳采到亲迎，总会觉得时间太过漫长。因为在此期间，男女双方须回避，是不可以见面的。

日日思君不见君，共饮西江水——个中滋味只有当事人清楚。大相读书，却不知其意；吃饭，也不知滋味。不过，诗作倒是有的。

看见燕子在梁间筑巢，即作《赋得泥融飞燕子》。

> 泥融碧草芳，紫燕远相将。
> 衔来微带湿，巢处定闻香。
> 对舞玉池水，双栖文杏梁。
> 袖中书未寄，夫婿隔湖湘。

泥融：指泥土滋润，杜甫有绝句："泥融飞燕子，沙暖睡鸳鸯。"

紫燕：燕名。

双栖：指飞禽雌雄共同栖止，喻夫妻共处。曹植有"下有交颈兽，仰见双栖禽"句。

文杏：银杏。

春暖花开，成双成对的紫燕，从远处衔来嫩绿的青草，在屋梁上和泥筑巢。青草略带着潮湿，散发出一股淡淡的清香。巢筑好后，它们便可以在银杏木做的屋梁上双宿双飞了，又可以在附近的池沼上双双起舞。

望着梁上那对幸福的飞燕花月春风里卿卿我我，真是羡煞旁人。

有谁来陪我品尝那岁月悠悠，有谁来陪我共度那天长地久？

我紧紧握住衣袖中那封还没寄出去的情书，您的爱人我觉得我们相隔如湖湘般遥远。

凌晨听见鸡叫，即作《鸡鸣曲》。

> 洞房春梦潇湘沚，香雾濛濛湿江水。
>
> 几度相思不见君，鸡鸣杲杲生红云。

洞房：幽深的内室，多指卧室、闺房。

潇湘：因湘江之水清深故名，代指多情之所。

香雾：此处指因流泪而迷离的眼神。唐杜甫《月夜》诗："香雾云鬟湿，清辉玉臂寒。"

鸡鸣：鸡叫，指天之将晓。南朝鲍照诗："鸡鸣关吏起，伐鼓早通晨。"

　　杲杲：明亮貌。《诗经》云："其雨其雨，杲杲出日。"

　　在梦中，于湘江小洲和心上人相聚缠绵；梦醒时分，只影孤身，相思之泪迷离了我的双眼，仿佛也打湿了梦中相会的江水。多少回梦里相见，梦外何处啊？金鸡啼鸣报晓，天边泛起火红的云霞。

　　唉，又熬过了一个百无聊赖的漫漫长夜。

　　诗中惟妙惟肖地描写了闺阁思妇心念情郎的情形，又何尝不是大相度日如年的写照呢。

　　因有所思，作《有所思》。

　　　　　　　　佳人有所思，行步常迟迟。

　　　　　　　　紫艳委瑶砌，苍苔盈玉墀。

　　　　　　　　不愁良夜永，但惜春光移。

　　　　　　　　谁悟一言别，徒虚三岁期。

　　紫艳：一种杜鹃花。

　　瑶砌：用玉砌造或装饰的台阶、地面。

　　玉墀：用玉砌造的石阶。

　　因心中忧思，佳人走起路来常常是神思恍惚，步履迟缓。玉阶上长满青青的苔藓，两旁的杜鹃花生机勃勃，时光飞逝，春即归去，花前失却赏花侣，独自寻芳暗悲伤。我不是在为黑夜的长久而担忧，而是在怜惜春日时光的短暂啊。

　　…………

盼望着，盼望着，亲迎的日子终于近了。大相家里已将聘金、礼饼以及米酒、海味、椰子、芝麻、红枣、红烛诸物送到了心上人家，刚刚，心上人家也送来了妆奁，有衣箱、衣物、梳妆台，还有鞋一对，寓意同偕（鞋）到老；槟榔一个，意即一郎（榔）到尾。

依照"男床女帐"乡俗，还送来了床帐、被枕，上面都绣着戏水的鸳鸯，让人浮想翩翩。

明日，就是迎娶啦。

虽一夜未眠，但大相依然精神抖擞，身着红长衫，脚着红官靴，满面红光，在门楼前徘徊。

临近中午，一阵鼓乐声由远及近，他的心也跟着怦怦直跳。

最先看到是吹打仪仗、大灯笼、彩亭之类，进到村来，吹打乐人更是卖力。

高明花鼓调婉转动听，远近驰名。传说某个夏日，当地有个富家小姐出嫁，花轿抬至半路，新娘要下轿透气，还撒娇不肯再上轿。迎亲队伍中有一年轻乐手，见树上一只岗雕时而低飞浅鸣，时而高翔大叫，遂模仿其情态、声音演奏，旋律活泼，动听悦耳，哄得那新娘子开心，于是乖乖上了花轿——此便是花鼓调之由来。

路边早已围满观礼的村人，一边听一边拍手叫好。

鞭炮声啪啪啪响起，由喜娘引路，大红花轿在门楼前徐徐落下。

新娘近在眼前，大相喜悦得头脑发昏。

只见喜娘招手他过来："快来踢轿门呀。"

大相一怔，随即明白是怎么回事，遂举起纸扇在轿门轻敲一下，这是男方给女方的下马威——好让她以后乖乖听话。

喜娘撇嘴取笑道："姑爷可真是体贴新娘子啊。"遂举起红伞，拉开轿门，扶下一位美娇娘。大相见她的及腰长辫已盘成发髻，顶着方红锦帕，身着红裙褂、红绣鞋，喜气洋洋。

祖母早在门楼入口摆上盆炭火，喜娘扶着新娘跨过火盆，寓意新妇入门后，日子会过得红红火火，兴旺发达。

洞房前，新郎威严站立，待新娘行近，举起手中筷子，轻打三下盖头。喜娘在旁大声唱道："一打入我家，二打听我话，三打织我麻。"

在众人哄笑中，喜娘把新娘搀扶进屋去，坐在新床上。床头放着一个大竹箩，内放红枣、莲子、花生、百合等寓意吉祥的物件，取早生贵子、连生贵子、夫妻和合、白头到老之意。

夜深人静，宾客散去，春宵千金。

两位璧人依偎而坐，软语温存，慰尽相思。

大相轻笑道："诗云：'投我以木瓜，报之以琼琚'；你投我以大蕉，我报你以茼蒿，也算是佳话了。"

新娘面如桃花，"嘤咛"一声，钻进他的怀里。

回家

嘉靖四十五年（1566），嘉靖帝崩，隆庆帝继位。

隆庆帝即位时年已三十多岁，因为母亲失宠，又非长子（前面俩哥哥去世早，才轮到他当皇帝），所以很少得到父亲的宠爱，很迟才被立为太子。即使他在被立为太子后，也没有享受到作为太子应该享有的地位和待遇。从小隆庆帝就养成了贞静、软弱、优柔寡断的性格，即位后更是沉迷媚药，荒于政事。

隆庆六年（1572）的冬天，凛冽的北风沿着西江顺河而下，水面升起一层薄薄的白雾，给人一种怅然之感。

暮日时分，一艘客船慢慢靠近阮埔渡口，从船舱里探身走出一位老人家，斜肩背着一个行囊，正是老家人区大。

区益跟着也弯腰钻出船舱，他发须花白，显得苍老了许多。

守候在渡口的孩子们冲过来，一边说着问候的话，一边去帮忙拿行李。行李简单得很，仅衣物、书籍、日用之物而已，以至于大伦都空着手，最后向大相讨了把纸油伞拿着。

大家簇拥着区益向村里走去。久未见到父亲，孩子们心里高兴，但都未多说话，说话也是压低声音，没有了昔日里的欢欣，气氛有点儿压抑。

临近村口，潇潇风中一位老者拄杖而立，发须皆白。

区益见状，连忙撇开孩子们，快步向前，匍匐在老者脚下，哽咽道："孩儿不孝……"

老者低下头，看见了儿子花白的头发。

他抬眼望向苍茫的天空，顿顿手中的杖，嘴角抽动几下，说出两个字："回家！"

穿过门楼，苏氏正立在门口，见丈夫进来，连忙迎上去，举起手中的一束柚叶，在区益身前身后扫，一边扫一边念念有词："扫去尘土，清清爽爽。扫掉晦气，吉祥如意。"

"今晚吃什么饭啊？"区益柔声问。

"粥水打边炉（火锅）。"妻子答。

火红的炭炉越烧越旺，火舌跳跃，气氛温暖起来。

瓦煲里的粥水乳白透亮，空无一米，却又米香四溢。

吃过午饭，妻子苏氏便开始准备这粥水锅底。她精选香米，细火慢熬了两个多时辰，待香米完全酥烂，米香慢慢融于水中，再过滤米渣，沥出细腻嫩滑的粥水用作"打边炉"。由于粥的密度大，以粥水作火锅底，能充分锁住食材的养分和水分，无论在锅里涮什么，都是又鲜又嫩。

热气腾腾的粥水翻滚着，妻子放进去浸泡了一天的河贝，一股鲜味便弥漫开来。她舀给众人，然后放进早已腌好的西江河鱼片，鱼片色泽明亮，凝而不散，入口滑嫩。待大家吃完，她又放进新鲜采摘的茼蒿、生菜，下锅即熟，满口清香。最后，每人再喝上一碗粥水，鲜甜俱全，口感绵密丰富。

"一鲜、二荤、三素、四粥"，这是大家最喜欢的粥底边炉吃法。

一家人围坐炉旁，叹（喝）着粥水，暖意融融，似乎所有的不快也已远去了。

"你舟途劳顿，早点歇息吧。"琳老爷心满意足地放下碗筷。

"是，父亲，我以后就可以天天陪着您老人家了。"区益回道。

"明早咱们做濑粉吃，父亲。"苏氏说道。

一年前，隆庆辛未年（1571），区益结束庆远府同知之任，赴任温州府同知。泰顺人民闻之后奔走相告："我们的好官又回来啦！"

老百姓们说得不错，他们的区大人虽然官升一级，但不改清廉耿直之初心，他恤民礼士，严厉约束吏胥，结果搞得这些人毫无"油水"可捞，对区益恨之入骨。

温州府辖泰顺的伍知县，既贪且横，区益对他严加批评并报上级谢御史，谁知那谢御史是伍知县的亲戚。伍知县知道区益弹劾他后，怀恨在心，便与县丞勾结，污蔑区益当年在泰顺任时勒索乡绅，贪污克扣。结果在谢御史的操纵下，区益被罢官为民。

多年后，任大理寺左少卿的区大伦在给天启皇帝的《为父节未白、子道有亏，谨剖心申辩疏》中说："隆庆辛未，（父）复补温州同知，所属伍知县负势贪横，恨臣父署印，屡发其隐，捏造事款，密揭于所亲谢御史，以论劾为民。"

大伦对父亲无端被罢官之事一直耿耿于怀，大相何尝不是如此？每次与兄弟们念及父亲的冤屈，总是相对饮泣，大相多次对大伦说：

"勿忘父之冤情，一定要为父昭雪。"

孩子们在"痛心疾首"，区益痛定思痛之后，却不以为意了。

他语重心长地对孩子们说："元朝至正年间，我区姓从南雄珠玑巷迁来阮埇村。我族数百年来，开拓疆村，筚路蓝缕，至今已成泱泱大村。何者？盖培植根本。有根本然后能生枝叶，但枝叶不能自生，须灌溉。所谓根本，祖父母也；枝叶者何？子孙也。灌溉，就是孝悌。"

"现如今我已年届花甲，你们的祖父已耄耋之年。我而立之年中举之后，奔波仕途，未曾事亲于前。今解甲归田，半为农兮半为儒，田可耕兮书可读，又可欢娱老父，何乐而不为呢？"

"人之一生起起伏伏，关乎时运，强求不得。达则兼济天下，穷则独善其身。居庙堂之高则忧其民，处江湖之远则耕读自足，未尝不是乐事，你们就不要再悲悲戚戚的了。"

区益自少聪颖，博览群书，喜读《左传》、两汉文章和李杜诗篇。归隐之后，事亲之余，唯乐读书，后来著有《阮溪草堂集》。

曾作《卜居》诗抒怀。

> 已向清山作隐沦，何随城市同比邻。
> 浮生但觉江湖远，懒性终宜麋豕驯。
> 青桂援来还有客，紫芝歌罢更怀人。
> 结庐随处堪栖老，未必桃源是避秦。

浮生：指人生在世，虚浮不定。

江湖：指隐士隐居之所，晋陶潜诗："良才不隐世，江湖多贱贫。"

鹿豕：指山野之物。《孟子·尽心上》："舜之居深山之中，与木石居，与鹿豕游。"

紫芝：指《紫芝歌》，泛指隐逸避世之歌。秦末，商山四皓（东园公、绮里季、夏黄公、甪里先生）避秦焚书坑儒，退入商山隐居，作《紫芝歌》云："漠漠商洛，深谷威夷。晔晔紫芝，可以疗饥。皇农邈远，余将安归。驷马高盖，其忧甚大。富贵而畏人，不如贫贱而轻世。"

桃源：指晋陶潜《桃花源记》所载避秦隐居之所："自云先世避秦时乱，率妻子邑人来此绝境，不复出焉。"

人生于世，起伏难料。以前总觉得隐居江湖是件遥不可及的事情，想不到如今我已远离城市的喧嚣，在这绿水青山之中做起了隐士。或许我耿直的性格本来就不适合做官，最适合在这乡下养猪养鸡。闲来无事，约老朋友在乡间走走，我们手握青青的桂枝，高唱着隐逸之歌，多少落寞惆怅都随晚风飘散。在这地方养老真是好啊，我看一点儿也不比那桃花源差呢。

直到天启四年（1624），区益才得以平反，朝廷诰敕①赐为中宪大夫大理寺左少卿，妻苏氏被诰命赐为恭人。

当然，令区益泉下欣慰的并非一纸诰敕，而是自己所任之时，尽心尽力地为百姓们谋福祉，无愧于天和地。

---

① 诰敕是我国古代皇帝封赠官员的专用文书，作为官员考绩制度的一部分，其颁授对象必须具备一定的条件，如官员考满合格，官员的先辈、妻室等群体可获得诰敕，而诰敕的颁授意味着他们获得了统治者的嘉许和肯定。

隆庆帝在位六年，随后即位的是万历帝。

此时的万历帝，十岁。时任内阁首辅的高拱感叹道："十岁太子，如何治天下！"

内阁成员之一的张居正巧妙地把这句话改成"十岁孩童，如何做天子"，然后报告万历帝和李太后。皇上和太后非常生气，于是张居正取高拱而代之成为首辅，开始了他轰轰烈烈的政治社会经济改革。

张居正的"一条鞭法"，历史上评价其具有跨时代的意义，因为这个跨时代的鞭法，改变了自唐朝以来延续了八百余年的税制，是中国赋税史上一个具有里程碑意义的转变。他还推行考成法，整顿吏治，贪吏闻风丧胆，政令传出，虽万里之外，朝下而夕奉行焉。内政蒸蒸日上的同时，明军的实力也得到了进一步的加强。戚继光的戚家军自然不用说了，倭寇一听到就吓得打哆嗦，李成梁的辽东铁骑，蒙古部落避之唯恐不及。

在张居正的严厉督促下，官员们勤勤恳恳，努力工作，国家财政收入不断增多，自正德以来走下坡路的明朝，又开始爬坡了。

万历元年（1573）对大明朝的意义非凡，对阮埇区家亦是如此。

太祖皇帝虽然是放牛娃出身，没有读过多少书，但对科举高度重视，明代时中国的科举制度进入鼎盛时期。

正式科举考试分为乡试、会试、殿试三级。乡试是由南、北京直隶和各省布政使司举行的地方考试，每三年举行一次，逢子、卯、午、酉年举行，又叫乡闱。因考期在秋季八月，故又称秋闱。八月桂树开花，考中者亦称折桂。

万历元年是癸酉年，正是乡试之年，凡本省监生与科举生员均可应考。监生是在国子监读书或取得进国子监读书资格的学子。经过本省各级考试进入府、州、县学学校学习的同学，通称生员，俗称秀才。取得生员资格的入学考试叫童试，也叫小考、小试，生员又分为廪生、增生、附生三等。

考取生员，只是功名的起点。乡试考中者称举人，俗称孝廉，举人原则上获得了选官的资格，并且取得了参加次年在京师举行会试的资格，有"金榜题名"的机会。所以，天下莘莘学子无不摩拳擦掌，跃跃欲试，以图鱼跃龙门，光宗耀祖。

在南国遥远的阮埇村，区家几兄弟也行动起来了。此时大标三十二岁、大枢二十八岁、大相二十四岁、大伦二十二岁，正是风华正茂的年纪，他们早已经过县试、府试和院试的童生考试而成为生员，具备了向更高层次发展的条件。

父亲被罢官回家之后，几兄弟曾一度心灰意冷，淡泊了考取功名之心。

父亲正色教导："子曰：士不可以不弘毅，任重而道远。我族轩冕相承，书香继美。你等幼承庭训，自当勤勉儒业，学而优则仕，不可因我一时之挫，坠却青云之志啊。"

从小家教的熏陶，以及修身齐家治国平天下的教育，令几兄弟重新振作起来，互相勉励，焚膏继晷，以期折桂。

大标已过而立之年，渴望成功的心思多点，大相生性洒脱，并不看重名利，况且对科举考试的八股文，实在提不起什么兴趣。

八股文也叫时文、制义、制艺、时艺、四书文、八比文。这种文体有一套固定的格式，规定由破题、承题、起讲、入手、起股、中股、后股、束股八个部分组成，每一部分的句数、句型都有严格的限定。"破题"规定两句，说破题目意义；"承题"三句或四句，承接"破题"加以说明；"起讲"概括全文，是议论的开始；"入手"是引入文章主体；从"起股"到"束股"是八股文的主要部分，尤以"中股"为重心。在正式议论的这四个段落中，每段都有两股相互排比对偶的文字，共为八股，八股文由此得名。

八股文的题目，出自四书五经，八股文的内容，也不允许超出四书五经范围，还要模拟圣贤的口气，传达圣贤的思想。

在古代，八股文的优劣一向是非常重要的，它关系到一个人能不能中举、中进士，能不能升官，所以人们说："当今天子重文章，足下何须讲汉唐。""汉"是指汉代的文章，"唐"指的是唐诗，意思是说，汉代的文章也好，唐代的诗歌也罢，都不如皇帝所看重的八股重要。因此，学子们都一门心思地扑在八股文的写作上，因为只有八股文才能敲开科举考试的大门。

既然人家的要求是这样，那就这样办吧。

"业精于勤荒于嬉。"在父亲的督促、弟兄们的勉励下，大相勤奋读书，学业有成。他自诩说："二十始学书，三冬足文史。"意思是说，我二十岁的时候才开始学习，只用了三个冬季就学足了经史子略。

"三冬足文史"是东方朔的话。东方朔对汉武帝吹嘘说："俺自幼失去父母，靠哥哥嫂子抚养成人，十三岁时才开始读书，因家境贫寒，只能在冬季农闲时读书学习，连着学了三个冬季，而所学文史知识就足够一生受用了。"

东方朔很骄傲，区大相也不谦虚啊。

事实证明，区大相确有骄傲的资本。

放榜之时，正值桂花飘香，大枢、大相两昆仲桂榜有名，同中举人。加上父亲，一门三举人，整个高明都轰动了，传为佳话。

明代每届举人全国也就一千人左右。区益中举时二十七岁，已经够了不起了，区大相二十四岁中举，可谓长江后浪推前浪，一代更比一代强。

时人对区大相文采推崇有加，称"搦管摛辞，瑰玮见奇"，称"为人有奇气，援笔数千言"。

在巡抚大人主持的鹿鸣宴上，大枢、大相携手同唱《诗经·小雅·鹿鸣》歌：

呦呦鹿鸣，食野之苹。我有嘉宾，鼓瑟吹笙。吹笙鼓簧，承筐是将。人之好我，示我周行。

呦呦鹿鸣，食野之蒿。我有嘉宾，德音孔昭。视民不恌，君子是则是效。我有旨酒，嘉宾式燕以敖。

呦呦鹿鸣，食野之芩。我有嘉宾，鼓瑟鼓琴。鼓瑟鼓琴，和乐且湛。我有旨酒，以燕乐嘉宾之心。

这首《诗经·小雅·鹿鸣》本是古代宴会乐歌，及至唐宋后，乡试会考后举行的宴会上，必歌唱《诗经·小雅·鹿鸣》之章，称为"鹿鸣宴"。

美中不足的是，大标没有考中，不过作为成绩最好的生员，他被选为廪膳生员，简称廪生，由官府提供津贴和生活日用。

在明代，中了举人就可以做官了，大官做不了，八九品的小官是没问题的，而且可以免除徭役和赋税，还有一定的俸禄，见了县官也不必下跪，犯事儿了也不能给用刑——这些都是举人大人的特权。

大枢像父亲一样，选择了由举人做官。一路走来，郁郁不得志，后来做了岳州通判。通判是在州府的长官下掌管粮运、家田、水利和诉讼等事项的官，也就是州官的副手。所以说举人虽然可以做官，但是分给举人的官，大都是打杂之类的小官。而且这个小官也还要等，要等现任官去世了，有空缺了，才轮得到。

仕途并不如意的大枢，有时会失望灰心，曾作《过湘阴吊三闾大夫》抒发心中愤懑。

> 放逐堪谁诉，孤忠祇自知。
> 美人空怅望，公子敢言思。
> 兰忍宁终弃，荪何竟不移。
> 皇天虽有问，寥廓使人疑。

三闾大夫指屈原。

屈大夫虽然忠贞爱国，但报国无门，被流放到荒野之地，他的忠贞只有自己明了。"山有木兮木有枝，心悦君兮君不知"，就像女子中意公子哥，公子哥哪里会想到她呢？如兰花香草般高洁的人，忠心耿耿结果却是被弃置不用，令人怅然失落。

抬头问苍穹，只看见一片混沌空蒙，让人怀疑上天可有公道之说。

弟兄情深，大相赠诗宽慰。

> 昆山有良璧，连城剖见珍。
> 投君君不宝，委置同沙尘。
> 和氏既泣楚，蔺生复辞秦。
> 光辉常夜发，声价动强邻。
> 圣代饰瑚琏，胡弃清庙宾。
> 徒令被褐客，掩抑情不申。
> 愿言勿轻掷，识者需其人。

诗中大相借和氏璧的故事来勉励大枢。

即便是如和氏璧这样价值连城的宝物，起初也因不被人所认知而埋没。所以说兄长您不可灰心，您的才华一定会随着时间的推移而自然显露出来，到时候就会像宝物一样散发出耀眼的光芒。在升平时代治国安邦之才只不过是用来装饰的，大都被弃置一旁。这样的情形，肯定使那些有才之士心情抑郁。奉劝兄长您不要轻言放弃，要知道千里马也需要有伯乐来赏识啊，等您的伯乐出现了，自然可以建立一番功业。

区大枢最终没有等来他的伯乐，直至晚年时候才得以就职岳州通判，不久死于任上。

天伦

年少得志的区大相，中举之后做什么了呢？

他没有去觅官，大约就是宅在家里，陪伴父亲和妻儿，享受天伦之乐。

祖父过世之后，父亲一下子老了许多，也孤独了许多。

父亲长年在外为官，生活规律，清晨五更必起身。大相则提前起身，伺候父亲洗漱完毕，然后在书房沏茶。

一套精致的德化窑工夫茶具，是区益离任时，泰顺乡民所赠，壶身刻篆书"一清如水"，正是区益一生为官之写照。

父亲归乡之后，已不再喝乌龙茶了，最喜英德红茶，大相每隔几月必赴英德县，拣选刚炒的新茶。

闽人嗜茶。苏辙有诗曰："闽中茶品天下高，倾身事茶不知劳。"父亲任上时，也养成了闽浙一带喝工夫茶的习惯。

几番冲沏，大相已谙熟诸程序。先是治器、纳茶，待水沸，如苏东坡煎茶诗云"蟹眼已过鱼眼生"状，就可以冲茶了。冲茶讲究"高冲"，即水壶和茶壶的距离要尽量远些，这样能使热力直透罐底，让茶味更香；同时注意要沿茶壶内缘冲入沸水，水柱不可从壶心直冲而入，因为那样会"冲破茶胆"，破坏茶的味道。斟茶则讲究"低斟"，即茶壶要尽量靠近茶杯，这样才能防止热气四散，不使茶香过早挥发。

冲茶如书法一样，讲究不急不缓，一气呵成，在茶香氤氲里修身养性。

父亲端起小巧的白瓷釉杯，先放在鼻前轻嗅，接着微咂一口，遂一饮而尽，然后轻轻放下杯子，赞道："好茶。"

大相微笑道："是否——芳香溢齿颊，甘泽润喉咙，神明凌霄汉？"

父子俩相视哈哈大笑。

然后就是读书。

以前这个时辰区益多是在批阅公文，现在则读《左传》、两汉文章和李杜诗篇。读到好句，父子相与析，每有会意，欣然而乐。有时也写字、作诗。归隐之后，多有闲暇，区益作了许多诗篇，父子唱和。

大相道："父亲，何不把您的诗篇刻印成册，纵不为留芳，亦足自娱。"

父亲谦道："自娱之乐，不必了吧。"

大相看出父亲心思，道："父亲不必操心了，我与兄弟们筹划便可以了。"

父亲佯推道："这样不太好吧。"

大相道："就叫《阮溪草堂集》吧，父亲您看这名字可好？"

父亲只好无奈点头，道："嗯，这名字好，阮溪吾家，草堂言志。"

除了陪父亲散心，大相最喜欢的事情就是教孩子们读书、写字。

不当家不知柴米贵，没儿女不知父母心。

自从儿女们相继出世，大相深深体会到父母的舐犊之情，常常为自己年幼时的任性不更事而暗自愧疚。

怀瑞已五岁有余，识了不少字，已可读书，唐诗宋词也背了不少。最近又吵着要学写字，大相便教他书法。

先是手把手教握笔：大拇指第一节内侧按住笔杆靠身的一方，大拇指处略平；食指的第一节与第二节的关节处由外往里压住笔杆；中指紧挨着食指，钩住笔杆；无名指紧挨中指，用第一节指尖根部紧贴着笔杆顶住食指、中指之力；小指抵住无名指的内下侧，帮上一点劲儿。

"此所谓五指执笔法，五个手指力量均匀地围住笔的三个侧面，使笔固定，手心虚空。"大相耐心教导着："又因手格的张开和并拢，笔执在指尖处还是手指第二关节处而形成多种形式，古人谓之凤眼、虎口、鹅头。"

一日风和日丽，怀瑞正心无旁骛写"永"字，大相轻轻来到他身后，观察良久，露出赞许的目光。突然恶作剧似的，大相悄悄伸手捏住笔端，向上一提，光滑的毛笔顺着孩子的小手指抽出来，沾了一手的墨汁。

小怀瑞吃了一惊，转头诧异地望着平日里和蔼的父亲，再低头看看自己的手掌，不由"哇"的一声哭了起来。然后跑到天井，扑进母亲怀中，委屈道："父亲欺负我。"

罗氏正在洗衣服，她一边撩水帮儿子洗干净小手，一边娇嗔道："你看你，把瑞儿的手弄成这样。"

大相笑吟吟地倚在门口，说道："你却不知，我这是在教他写字。虽则东坡公云，执笔无定法，但写字如做人，手心虚空，握笔必实。我开这个小小的玩笑，瑞儿将来一定会记住如何写字做人。"

罗氏含笑道："什么都是你有道理。"又转身将儿子轻推向丈夫，"瑞儿不哭，父亲是在教你写字呢，你可记住了？妈妈还要洗衣服呢，你且跟父亲去看奶奶在做什么饭呢。"

怀瑞拉着父亲的手走出门口，一边喃喃道："手心虚空，握笔必实……"

当然，最让大相欣喜的事情，就是陪伴妻子了。

区大相夫妻俩感情甚笃，琴瑟和鸣。且看他记述端午节家宴的情形。

> 水绿鸳鸯浦，花明菡萏津。
>
> 浴兰归省客，撷艾命闺人。
>
> 蒲泛金尊满，丝缠玉臂新。
>
> 晚凉珠箔动，随步起芳尘。

鸳鸯浦：指鸳鸯栖息的水滨，喻美色荟萃之所。清李渔诗："浪踞温柔乡，横截鸳鸯浦。"

菡萏：即荷花，菡萏津指开满荷花的渡口。

浴兰：指浴兰节，即端午节。端午时节春夏之交，皮肤病多发，古人认为兰草避不祥，故以兰草为汤，沐浴去污，端午节又称浴兰节。

归省：指回家探望父母。唐朱庆余诗："归省值花时，闲吟落第诗。"

撷艾：指采摘艾叶。端午之时人们将艾草置于家中避邪，传习至今。

只羡鸳鸯不羡仙

蒲：指菖蒲，端午风俗，家家以菖蒲、艾枝插于门楣或悬于堂中以避邪瘴。

丝缠：端午风俗，腕上缠上五色线辟邪。

高明、高要一带端午时节，流行出嫁的女儿回娘家探望父母的习俗，故又称女儿节。

端午时节，陌上花开，我去接归省的妻子回家。

我们轻荡双桨，小船儿缓缓划过碧绿的水面，惊起水边草丛里双宿双栖的鸳鸯。愿作鸳鸯不羡仙，我们情意浓浓，一路上说不尽的恩和爱，甜甜蜜蜜地来到了荷花盛开的渡口。

艾草辟邪，所以我让妻子多采点，好在屋里屋外都插上。

晚饭时分，妻子端上可口的饭菜，只见她洁白如藕的玉臂上，缠绕着五彩的丝线，婀娜的身段上，佩戴着菖蒲、艾草制作的香荷包。

她用纤纤玉手端起装满美酒的杯子，邀我举杯共饮。

美酒佳人，酒不醉人人自醉。

夜幕降临，习习晚风吹动珠帘，妻子忙里忙外地收拾着家务。她步履轻盈，带起阵阵微醺的香风。

此诗生动描绘了大相与妻子共度佳节的欢欣。

接妻子回家的喜悦，夫妻对饮的温馨，以及对妻子的绵绵情意，全在字里行间渗透出来，细微体贴的暖男形象跃然纸上。

有妻如此，夫复何求？再看他所作的《秦女曲》。

赢女与萧史，嬉游玉台端。

盛年等欢爱，各保如花颜。

乘鸾向明月，凤吹遗云间。

自无餐霞质，逸驾畴能攀。

赢女：同秦女，指传说中秦穆公女儿弄玉。

萧史：传为春秋秦穆公时人，善吹箫，能致孔雀白鹤于庭。穆公以女弄玉妻之。萧史日教弄玉吹箫作凤鸣，凤凰来集其屋。穆公筑凤台，使萧史夫妇居其上，数年后，弄玉乘凤，萧史乘龙，皆成仙而去。

玉台：传说中天帝的居处，亦即弄玉与萧史乘凤乘龙成仙之去处。

餐霞：以霞为餐，指修仙学道。魏曹植诗："餐霞漱沆瀣，毛羽被身形。"明张居正诗："少无适俗韵，早有餐霞愿。"

弄玉和萧史二人，因曲和而相聚，共同驾龙御凤前往仙山玉台之端游玩嬉乐，时时刻刻都欢乐地生活在一起。他们乘着鸾鸟飞向天边皎洁的明月，那优美缠绵的凤鸣之曲如同天籁之音缥缈在云间。他们俩在一生中最美好的青春年华，心生爱慕而钟情于彼此，又双双成仙而去，葆有了他们年轻而富有活力的容颜和身体，这对神仙眷侣真让人艳羡啊。

我区大相虽然没有如萧史般成仙得道的潜质，但是同样有一个才华容貌出众的爱侣，又何尝不像他二人一般，是人间的神仙眷侣呢？

溺在温柔乡里，大相日日快乐如神仙，似乎什么都不缺。

考进士

好像还是缺少点啥？

不畏浮云遮望眼，只缘身在最高层。

是了，缺少的就是一个进士的头衔，读书人孜孜以求的荣誉，表示读书已读到最高处，那可是当今皇上亲自主持的考试啊。

明代举人就可做官，但即便举人跟进士处于相同等级的官职上，进士的地位也要比举人高许多。因为过去官场受科举千年文化的影响，形成了以考中科举的时间、级别等方式作为区分地位的标准。

就像同样是进士，如果考中状元，就比探花地位高，道理是一样的。

要想考进士，必先考会试。明代每三年在京城举行会试，由礼部主持，又称礼闱，于乡试的第二年即逢丑、辰、未、戌年举行。因在春季举行，故又称春闱。

会试是全国考试，各省的举人皆可应考，考中者称贡士，第一名叫会元。会试后紧接着举行殿试，参加殿试的是贡士，取中后统称为进士。

清高孤傲的区大相自然不会走父兄由举人做官之路，其实父亲也希望他向更高的层次冲击——考进士。

夜已深，阮埇村一片静谧，偶有两声犬吠或鸡啼，大相的书房里，灯还在亮着。

妻子举案走进来，轻轻放下一碗热气腾腾的粥，柔声道："快趁热喝了吧。"

大相放下书，有些无奈地笑道："辛苦娘子啦，这及第粥虽好，但天天喝，也是……"

妻子打断他道："天气寒凉，我加多了些姜丝，还有油条，你不是最爱吃嘛。"

大相舀匙粥入口，果然味道醇厚，香浓可口。

妻子笑吟吟地看着丈夫喝粥，说道："听人说那之前南海黎涌的伦文叙，喝了这粥就状元及第；我家相公喝了这粥，同样也会状元及第。"

这伦文叙与状元及第粥的故事在珠三角地区家喻户晓。

据传，伦文叙幼时家贫，以种菜卖菜维持生计。一家粥店的老板怜其年幼，惜其才华，于是每天从伦文叙处买一担菜，并要他送到粥铺去。在伦文叙送菜之际，老板就会把用剩的材料如猪肉、猪肝、粉肠、猪腰、猪肚之类，生滚白粥，再放些姜葱等做成美味可口的粥饭，免费请他吃。几年间，伦文叙每日在粥铺吃粥当饭，对店老板十分感激。弘治年间，伦文叙得中状元，衣锦还乡。他没有忘记当年粥店老板的恩情，特意去看望。面对老店主，伦文叙毕恭毕敬地鞠了三个躬，还派人送上了厚礼。末了，他向老店主请求道："请您老人家再给我煮碗粥吧！"年迈的老店主颤巍巍地亲自下厨，煮了一碗与当年所用材料相同的粥，端给伦状元。伦状元默默低头喝着，感慨万千，有多少酸甜苦辣在这粥里头啊！

因为此粥多以猪内脏为底，乡人称"杂底粥"，伦状元觉得不雅，略一思索，叫人取来笔墨纸砚，大笔一挥，给此粥题名为"状元及第粥"。

"杂底"与"及第"的广东话读音相似，大家都拍手叫好。

伦状元对众人说："我今天之所以能够高中状元，就是因为当年喝了许多这'状元及第粥'。"有了伦状元的题名，"状元及第粥"的美名不胫而走，来老店主粥铺喝粥的人络绎不绝。从此这"状元及第粥"也就在珠三角和港澳地区流传开来。

大相抬头道："嗯，他是弘治朝己未科殿试金榜第一甲第一名进士及第。"

妻子感叹道："考个进士可真不容易啊。"

大相深以为然："这全国的举子都去会试，考中称贡士，即有了贡上资格，可以参加殿试。殿试分一甲、二甲和三甲。一甲第一名称状元，第二名叫榜眼，第三名叫探花，均赐进士及第，合称为三鼎甲。二甲赐进士出身，第一名称传胪。第三甲赐同进士出身。全国也就三百来名，可是不容易嘛。"

妻子轻轻地帮大相按摩着肩膀，看着他面前叠起的书，闲话道："这四书五经可是都要背熟吧？"

大相苦笑道："是啊，不光是要能背，随便其中抽一句都需要知道出处，而且要背诵注解，就是南宋代朱熹夫子所作注解。这《论语》一万一千言，《孟子》三万四千言，《尚书》两万五千言，《诗经》近四万言，《礼记》有九万言，《左传》近二十万言，凡四十万言皆须背熟。对了，考诗赋还须得背《昭明文选》啊。"

妻子心疼道："可是够辛苦的。考上考不上进士且说吧，别累坏了身体。"

"我且用功些，考个进士，让你做个进士夫人，可好？也不辜负了你这每天的及第粥。"大相举起碗戏谑道。

妻子羞赧道："你又笑人家——听老人家说，这粥有健肾补腰、固精益气之效呢。"

接过碗来，妻子忽然想起了什么，又道："听老人家讲，佛山镇那个祖庙，有个灵应祠，供着北帝大人，很是灵验。求男生男，求女得女，经商者求之获利，读书者求之金榜题名，耕田者求之五谷丰登，有求必应。明日正好四兄大枢要去佛山镇办事，我且备些元宝、香火去礼拜下北帝大人，讨个好意头。"

大相笑道："如此甚好——若是这北帝大人应允了，倒省却了我许多工夫。"

妻子嗔道："不可乱说。听老人家说，前朝有个贼人攻打佛山，因为事出仓促，镇人并无准备，大家就去祖庙里祷告北帝大人，北帝大人就答应了，后来就把贼人给打败了。"

大相道："那是正统帝时候的事情，南海县冲鹤堡人黄萧养率众起事，攻打广州、佛山、番禺诸地。唉，这黄萧养也是穷苦出身，想来也是因生活所迫被逼造反。"

"相公什么都知道啊，你且说给我听听呗。"妻子挨着大相身边坐下来，像个安静的小学生。

大相深情地望着妻子，自进家门以来，她孝顺公婆，友爱兄弟，操持家务，任劳任怨，眼角已经长出了几条细微的鱼尾纹，虽然没有了少女的靓丽，但别有一种成熟女性的韵味。

大相一时心神荡漾，他起身斟了杯茶递给妻子，拉她在憩榻坐下，抚着她的秀发娓娓说道："那黄萧养本是个孤儿，不知名字，只知姓黄，后来被一萧姓和尚收养，人们就叫他黄萧养。长大之后，这黄萧养强勇好斗，路见不平，即拔刀相助，为此曾两次被关入监狱。正统末年，恰值西江、北江一齐发水，下游顺德、南海诸地顿成泽国，一时哀鸿遍野。官府此时非但没竭力施救，反而变本加厉地催租迫税，民不聊生。这黄萧养越狱而出，遂揭竿而起，四乡流民多有跟随，旬月至万人，连克桂洲、逢简、太艮、马齐诸乡堡，拥兵十余万，以太艮为根据地，建大东国，自立为东阳王。"

"这黄萧养可真能折腾。"妻子评论道。

"是啊。建立大东政权后，他便去攻打广州，"大相揽住妻子的肩，接着道，"可是省城城固，久攻不下，手下人便建议道：佛山多有富商，可先取之，以补军需。大军遂沿东平河而上，屯兵张槎的王借岗，距佛山镇仅数里之遥。那佛山向无城防，无险可守，唯一可赖者，仅佛山涌而已。是战？是降？乡绅们议论纷纷，不能定夺。于是，便去神庙祷告北帝，神现卦同意坚守。"

"就说嘛，那北帝大人很灵验的。"妻子小鸟依人般地依偎在大相怀中。

"听古不插话。"大相刮了下妻子小巧的鼻子以示惩戒，继续道："于是乡里有二十二位忠义之士挺身而出，率领镇人沿河涌立栅栏，建营铺，严阵以待。时值中秋，黄萧养派间谍数十人混入镇内刺探防卫军情，乡人梁俊浩察知，遂将计就计，令镇内少年化装作武士，杂扮故事。当晚皓月当空，镇内锣鼓震天，巡游队伍通宵达旦，一派守御既备，万民同庆的景象。黄萧养以为镇人早已准备充分，不敢贸然进攻，相持日久，恐生变数，只好引兵遁去。其后朝廷敕封祖庙为灵应祠，并为梁俊浩等二十二义士建忠义流芳祠，故佛山镇又称忠义乡也。"

"哦，原来是这样啊。"妻子长吁口气，作恍然大悟状。

"且说那黄萧养被镇压之后，朝廷由南海、新会等处划地出来，设置顺德县，县治便设在太艮，暗含威慑之意。话说一日县太爷上报文书，可能喝多了，醉眼昏花，把那'太'字的一点写得太下，掉到了'艮'字头上，后来以讹传讹，便成了大良。"

（古人文书都是竖着写，所以才有此传说。）

"哈哈，原来如此——不过还是大良好听些。"妻子笑道。

"就是现今每年仲秋，佛山镇的秋色巡游，亦是由此而来。"大相又道。

"佛山秋色？听人讲煞是热闹，却没看过。"妻子一脸向往。

大相捏下她秀丽的下巴，轻笑道："喔，娘子辛苦了，等来年秋天就带你去看看吧。"

"多谢相公，一言为定。"

妻子站起身来，整理好衣裙，两膝微曲，颔首低眉，调皮地行了个万福礼。一边收拾碗筷出去，一边叮咛着："早些歇息吧，不要太晚太累了。"

乾隆《佛山忠义乡志》记载："相传黄萧养寇佛山时，守者令各里杂扮故事，彻夜金鼓震天，贼疑不敢急攻，俄竟遁去，盖兵智也。后因踵之为美事，不可复禁云。"

民国《佛山忠义乡志》又载："梁俊浩，澳口人，当黄萧养聚众围佛山，时值中秋，使谍者数十辈，间行以洞内地。俊浩察知之，乃令诸少年演扮秋景故事，以示暇豫，又制大炮，发声如雷，俾贼闻知，贼果疑惧，不敢窥……佛山秋景实由此起。"

在中国古代，"读书"一词除了学习这层含义以外，更被理解为"学而优则仕"的一种行为。千百年间多少文人学士日夜苦读，除了修身养性，更希望他日黄榜高中，为官为宦，施展自己治国平天下的抱负。

大相起程赴京的那天，天刚蒙蒙亮，众人便簇拥着大相走出村口，突然一只大公鸡引颈高啼。父亲拈须道："好，是吉兆。"大伦调皮地说："雄鸡高冠啼一声，吾兄今科中头名。"

大家笑着来到渡口，依依惜别。在众人期待的目光中，立在船头的大相身影越来越小，直到看不见。

江面平静，偶尔漂过几只风帆。

但是，这一年，没考中。

进京，考试，落榜，回家。再进京，再考试，再落榜，再回家。依然名落孙山，屡考屡不中，时人称大相"数困公车"。

可真让人郁闷。

其实这段经历对于大相而言，并非坏事。历史上多少像他这样的年轻人，才华横溢，却因为年少成名而得意忘形，在一片赞赏声中开始迷失自我，最终一无所成。

只有经历过磨难的人，才更通达洞明，才能够走得更远。

"会城（广州）喜春宵，吾乡喜秋宵。"佛山人如是说。

日落时分，老船夫小心地划着船，缓缓驶入汾流古渡——汾江河最大的码头。

佛山水道西起王借岗之沙口，东至南海沙尾与平洲水道汇合后流入珠江，其中沙口水窦到谢叠河段俗称汾江河。千百年来，就是这条生生不息的血脉滋养了佛山镇的文明，所以被亲昵地称为母亲河。

抬眼望去，但见河面广逾数十丈，舸舶交错，如鳞砌蚁附，中间行船之道，宽不过数尺，桡楫交击，争沸喧腾，声闻四五里之外。

"佛山可真繁华啊。"大相挽住妻子的手跳下船来，妻子忍不住感叹。

"这佛山镇与汉口、朱仙、景德同称四大名镇，又共京师、汉口、苏州并列天下四聚，那可不是浪得虚名的。"大相也深以为然。

沿岸而上，民庐栉比，屋瓦鳞次，弥望莫及。街道两旁，丝绸店、陶瓷店、铁器店、海味店、药材店林林总总，百货山集，无所不备。街道中间，人流汹涌，摩肩接踵，大相握紧妻子的手，生怕被人群冲散了，不由自主地被人流推向前去。

"都不知何处看秋色为好？"妻子道。

"我也不知——就算知道也过不去啊，随遇而安吧。"大相无奈道。

旁边酒楼里传出阵阵丝竹之声，不知哪位角儿在吟唱，呕哑之声飘散在秋夜里："艺苑百花开秋色之花吐艳芳，甜蔗木瓜鱼虾鸡鸭藕姜，栩栩逼真台中放，纷纷精美凭巧匠。彩色灯灼金光，闪闪剔透明亮。眼见灯芯开朗，剪纸幅幅赛锦帐，山川金碧更好看，尽将人间景色装……"

忽然人群一阵骚动，大家都争着往前挤，大相和妻子紧靠在一起，几乎脚不点地。

"来了！来了！"

大相望向前面，只见隐隐约约几只竹织灯笼，白、红、绿三色在夜幕中熠熠放光，后面跟着松光火把，火光灼灼。

"这是什么'色'？"妻子踮起脚尖，兴奋地问。

因为在来时的路上，大相就告诉她，这秋色巡游共分七色：以剔透玲珑的秋色灯出现于秋色赛会者，谓之"灯色"；表演者以纸马代步，扮演英雄故事者，谓之"马色"；观之为花车彩架，以男扮女装表演故事者，谓之"车色"；表演以水为意境的各种舞蹈如莲船、陆地行舟、旱地扒龙船等，谓之"水色"；以"飘"或"挑"的高空技艺扮演故事者，谓之"飘色"；以步行化装表演杂剧、故事者，谓之"地色"；以反映自然景物或社会生活的各种秋色工艺品如蔬果、鱼类、食品、器皿、石山、人物等像生艺术品，谓之"景色"。

"这是前奏，高潮还没来呢。"大相淡定地说。

两人正说着话，一阵唢呐声由远及近，欢快激昂，却是岭南音乐"步步高""得胜令""赛龙夺锦"之类。

缓缓走来两匹骏马，只见两位少女端坐其上，得意洋洋。她们身穿金光闪闪甲胄，头戴长长雉鸡尾帅盔，左手按剑，右手举三角令旗，英姿飒爽。

倏然间，两名少女一个鹞子翻身，双足已立于马背之上，令旗迎风招展，吓得人群响起一片惊呼。

随之而来的是只彩扎大灯笼，有座，有身，有冠，高约丈许，大小相套，内置灯光，富丽堂皇，令人叹为观止。幡旗飘飘，上书"五谷丰登""国泰民安""风调雨顺""物华天茂"之语。

"你看，灯色来了。"大相指给妻子看，只见各色走马灯、鱼灯、宫灯、鸟兽灯、瓜果灯，不一而足，五彩缤纷，令人目不暇接。

一辆辆花车驶来，却没有轮子，两旁以四个健汉分挽而行。有俊美少年扮演戏剧女性人物，或昭君，或文姬，步行于花车中央表演，或作车行颠簸之感，或作多愁善感之态，扮相逼真，形神兼备，引来阵阵喝彩。这是车色了。

走过一队队农夫模样的人群，肩担岭南瓜果、农副产品及鱼、虾、蚧等物，皆是栩栩如生，那荔枝仿佛是清晨刚从树上摘下，还带着露水；那大乌鱼嘴巴翕张，两条长须左右摇摆着，宛如在水中游动。农夫们兴高采烈，沿街叫卖，把担中之物拿给观众赏看。

"此之谓景色。"大相介绍道，"你别看那些物件活灵活现，其实全是假的，都是以刨花、灯草、鱼鳞、田螺壳、鸡蛋壳、花生壳等为原料制成的。"

"怪不得嘛，我刚刚还在纳闷，这时节哪儿还有荔枝啊，你看做得像极了。"妻子从恍然中得个大悟。

"以假乱真，化腐朽为神奇——据说是秋色的最高标准。"大相解释。

"佛山人可真是心灵手巧啊。"妻子喃喃道。

说话间，一条条采莲船随之而来，采莲姑娘们载歌载舞，或采莲或荡舟，一片欢笑声。其后是紫洞艇，船头挂着排排腊肉、腊肠、腊鸭之类，随船摇曳。船舷上则摆放着艇仔粥，碗中是鱼肉、猪肉、姜葱、鱿鱼、烧鸭等，热气腾腾，诱人食欲。

"不用说，这水色里的东西自然也是假的啰。"妻子真是冰雪聪明。

跟着走来的是地色，即扮演故事或笑谈杂剧。一位女子扮相俏丽，却是美艳悲凉、愁眉不展，隐约唱道："百计思量，没个为欢处……但是相思莫相负，牡丹亭上三生路。"显然表演的是汤显祖的《牡丹亭还魂记》。又一女子背插令旗，手舞花枪，枪花耍得令人眼花缭乱，蓦然回首，一招"犀牛望月"，整个人委顿原地，只听得她叹道："唧唧复唧唧，木兰当户织。不闻机杼声，惟闻女叹息。问女何所思？问女何所忆？"

"这是《雌木兰替父从军》吧？"妻子问道。

"不错，正是徐渭徐文长所作。此公真乃犀利之人也，打倭寇在行，诗文、书画也厉害，更是能操琴、谙戏曲，与那解缙、杨慎并称本朝三大才子。"大相答道。

正说着话，一阵阵锣鼓铿锵，涌出只只黄、红、黑各色醒狮，此所谓刘关张狮也，额高、角直、眼大、眉精、杏鼻大口、笑容可掬，造型既夸张又浪漫，既威武又风趣。只见醒狮随着鼓点，走着麒麟步、碎步、弓步、虚步、行步、探步、插步、提步、摆步、丁步、越步、扑步、跳步，演绎着寻青、见青、惊青、疑青、试青、踏青、嚼青、吐青、醉青等过程，或喜或怒，或惊或疑，百态尽出，无不惟妙惟肖。

人们纷纷取出红包塞进狮口中，讨个吉利。

妻子拍手笑道："你看这狮子刚睡醒的样子，伸懒腰、打哈欠、磨爪子、舔身子，活像只大懒猫，哈哈。"

大相感叹道："果然秋色比春多。"

人声鼎沸，观者如潮，每一双眼睛都在笑。

物阜年丰，秋高气爽，天上月光皎洁，地上锣鼓喧天，一支队伍走过去，又一支队伍走过来，绵绵不断，怕有十几里长吧。

后来的《佛山忠义乡志》中有记载："……醉芊酒而清风生，盼嫦娥而逸兴发。于是征声选色，角胜争奇，被妙童以霓裳，肖仙子于桂苑，或载以彩架，或步而徐行，铙鼓轻敲，丝竹按节，此其最韵者矣。至若健汉尚威，唐军、宋将，儿童博趣，纸马火龙，状屠沽之杂陈，挽莲舟以入画，种种戏技，无虑数十队，亦堪娱耳目也。灵应祠前，纪纲里口，行者如海，立者如山，柚灯纱笼，沿途交映，直尽三鼓乃罢。……"

东方既晓，桨声咿呀，一叶扁舟，浮泛汾河上。妻子静静依偎在大相身边，看秋色时的兴奋逐渐散去，一副心满意足的神情。

凉风习习，船儿缓缓前行，水面波光粼粼，两岸的树林洒满月光，缥缈的天际，遥遥银河横渡。触景生情，大相轻吟道：

满林新月水微波，画楫乘流入兴多。

一片银河秋色浅，相看脉脉奈愁何。

画楫：有画饰的船桨。唐王勃《采莲赋》："飞木兰之画楫，驾芙蓉之绮船。"

银河：秋季晴天夜晚，天空呈现的银白色光带。银河由大量恒星构成，古亦称云汉、银汉、天汉、天河、星河等。隋江总诗："织女今夕渡银河，当见新秋停玉梭。"

脉脉：凝视貌。《古诗十九首·迢迢牵牛星》："盈盈一水间，脉脉不得语。"

传说织女是天帝的孙女，擅长织锦，每天给天空织彩霞。她讨厌这枯燥乏味的生活，就偷偷下到凡间，与牛郎私定终身，过上男耕女织的幸福生活。人仙殊途，天帝震怒，把织女捉回天宫，然后划银河一道，阻挡他们相见。真正的爱情不分国界、种族、贫富……人仙，他们坚贞的爱情感动了喜鹊，七月七日，无数喜鹊飞来，用身体搭成一道跨越天河的鹊桥，让牛郎织女在天河上相聚。

佳期如梦。一夕言欢，留下三百六十四天的思念，怎不让人唏嘘？

珍惜眼前人呐，大相悄悄揽住妻子的腰，心里柔情似水。

老船夫会心一笑，别过头去。

游 学

世界那么大，你要去看看。

游学在中国古代社会有着深远的意义，是一种寻师求学、传播学术思想的重要文化活动，它一方面是士子们拜访名师的一种途径，另一方面促进了各地文化的交流，培养了无数大家。春秋孔夫子率领众弟子周游列国十四年，在不同的际遇和环境中为弟子们传道、授业、解惑，开拓他们的视野；唐代李白年少时即出走蜀地，"仗剑出国，辞亲远游"，饱览祖国大好山河，写下瑰丽诗篇，成就一代诗仙……正是游学四方的人生经历，磨炼了他们的意志，开阔了他们的眼界，锻炼了他们适应环境的能力。从某种意义上说，是游学造就了他们辉煌的人生。

落第在家，大相孝亲友悌如昔，但夜深人静之时，难免有些落寞。

父亲知道儿子的心思，便鼓励他去游学，开阔胸襟，舒缓心境。

父亲教导道："你们祖父在世时，喜欢说，读万卷书不如行万里路，学问长在腿上嘛。所谓景物理趣，明性见理，知行之道尽在路上。寓学于游，自古有之。你宜去外面走走，去书院学习交流，也能够结交贤能，增长学识；去山野探寻人文风物，又可以丰富见闻，增进阅历。"

大相望着父亲一头的白发，不舍道："父亲您已年过花甲，孩儿不宜远游。"

父亲站起身来，挺直了腰，使劲跺跺脚，表示自己身体好着呢。

"好男儿志在四方。我腰腿强健，你就不必为我担心了。"

白云书院位于白云山麓，绿榕红棉，交柯接叶，古木荫翳，远离尘嚣，是个读书治学、为文作赋的绝佳场所。学子们在这幽静典雅的书院以文会友，以友辅仁，激发思想。

天下读书人，都是一家人，各地的官学书院乃至私塾，都会热情招待游学书生。

区大相来了，在这里，他和其他学子一起，学习着"修身立品""实济时用"之学，学习着"达而在上为名臣为循吏""穷而在下于乡里信守孝悌之道"的义理。

时任广东副使的赵志皋，隆庆二年（1568）殿试第三名（探花），授职编修，后晋升为侍读。因为得罪了首辅张居正，被贬到了这南蛮之地。

副使是个闲差，他公暇便常到院中与诸生切磋学问。

这一日，议论张曲江九龄公。

张九龄为唐开元贤相，也是唐代唯一一个岭南士子出身的宰相。"弱岁读群史，抗迹追古人。被褐有怀玉，佩印从负薪。"他耿直温雅，风仪甚整，时人誉为"曲江风度"。他不仅是一位有胆识、有远见的著名政治家，还是著名的文学家、诗人。其诗格调高雅，有秀劲之致，对扫除唐初所沿袭的六朝绮靡诗风，贡献尤大，被誉为"岭南第一人"。其《望月怀远》句"海上生明月，天涯共此时"，唱绝千古。

赵志皋讲道："前人论述岭南诗派，每溯源于张曲江，称曲江体。其五言律诗情致深婉，以素练质朴之语言，寄托深远之人生慨望。试举其《感遇》诗：兰叶春葳蕤，桂华秋皎洁。欣欣此生意，自以为佳节。谁知林栖者，闻风坐相悦。草木有本心，何求美人折？——以春兰、秋菊设喻，清操自守，不求人知，岭南文士之孤忠尽表矣。"

然后，学子们以张曲江为咏吟，大相略作沉吟，提笔写道：

> 一代孤忠在，千秋大雅存。
>
> 诗才推正始，相业忆开元。
>
> 曝日陈金鉴，蒙尘想剑门。
>
> 更吟羽扇赋，摇夺不堪论。

孤忠：指忠贞自持之人，不求别人体察的节操。

大雅：《诗经》的组成部分之一。旧训以雅为正，谓诗歌之正声，后世将关乎国计民生的诗歌和刚正不俗的操行称为大雅。

正始：三国魏齐王曹芳的年号。当时玄风盛兴，士大夫唯老庄是宗，竞尚清谈，世称"正始之风"，时人将嵇康、阮籍等人的诗，被称为"正始体"。

开元：唐玄宗年号，张九龄曾任其相。

曝日：指晒太阳，此处指向皇帝进献意见。

金鉴：张九龄上事鉴十章，号《千秋金鉴录》，以申讽喻，后以"金鉴"指进行讽喻的文章和书籍。

蒙尘：古代多指帝王失位逃亡在外，蒙受风尘，此处指唐玄宗因安史之乱出逃蜀中剑阁之事。

剑门：指四川省剑阁县剑门关。

羽扇赋：用长羽毛制成的扇子，张九龄《白羽扇赋》有"提携密迩，摇动馨香"句。

摇夺：以羽扇的被摇动表示被任用，以羽扇的被弃之不用比喻被疏远。

赵志皋看罢，连呼"好诗"，赞道："此一篇真工绝也，执律既严，铸词且炼，气壮而不厉，调高而不浮，好诗好诗。"他解道："想曲江公为人耿直，晚年遭李林甫等忌恨，被贬为荆州长史。他曾作《白羽扇赋》寄意，以探玄宗。还在玄宗诞辰千秋节献《千秋金鉴录》讽喻，示玄宗安禄山狼子野心，宜早诛除绝后患。玄宗勿听，后安禄山果叛乱，玄宗逃至四川剑门，此时思起曲江公之言，方体味到他一片丹心。此诗概括了曲江公生平，颂其为政为文之成就，更为其忠告不被皇上接纳而深表惋惜，实为难得佳作。"

赵大人的激励对踏上人生道路的区大相是很大的鼓舞，关于这件事，后人曾记载，赵志皋"迁岭表"，与区大相"以古文词受知"。

这就是古人游学的作用之一，除了了解社会，增进阅历之外，还可以结交朋友，为以后的仕途拓宽人脉。

后来，他们先后到了京城，赵大人做到了内阁首辅，区大相任职翰林院。不过，大相却"引避不轻谒"，并未以此作为迁升之阶。

大相在书院、私塾、市井、乡野、山水里游历，游步寄志，苦苦思索着学理与人生。

日暮时分，他踏进光孝寺，在古菩提下求顿悟。

光孝寺是广州最古老的佛教名刹，广州民谚："未有羊城，先有光孝。"相传释迦牟尼佛曾在菩提树下参禅悟道，寻找解救世人之法。禅宗六祖慧能听光孝印宗法师给僧众讲《涅槃经》，一阵风吹来，寺院内悬挂的旗幡随之飘动，印宗法师即景向众僧提问："到底是风在动？还是幡在动？"众僧议论，一僧曰风动，一僧曰幡动。慧能朗声道："不是风动，不是幡动，而是仁者心动。"印宗法师即给慧能在寺内菩提树下落发剃度，头发埋在菩提树旁。

> 真谛何时了，微踪暂托缘。
>
> 鸟啼千岁树，霜冷六时莲。
>
> 风叶随吟客，天花对病禅。
>
> 无论空与寂，水月共思玄。

真谛：原为佛教语，与俗谛合称为"二谛"，此处指最真实的意义或道理。唐元稹诗："真谛成知别，迷心尚有云。"

千岁树：木蜜的别名。明李时珍《本草纲目》云："木蜜号千岁树。"

六时：佛教分一昼夜为六时，即晨朝、日中、日没、初夜、中夜、后夜。

吟客：诗人。

天花：亦称天华，佛教语，天界仙花。传说南朝梁武帝时，云光法师讲经，感动上天，天花纷纷坠落。原形容人说话言语巧妙动听，后指虚妄、空洞、不着边际的忽悠大话。

病禅：即禅病，佛教语，指妨害禅定修行的一切妄念。

空与寂：佛教语，无诸相为空，放弃起灭为寂。

水月：水中月影，形容虚无缥缈。

思玄：也称思元，研求妙理。

真理啊，我何时才能明了？或许缘分使然，让我走进这佛门名刹。只见鸟儿在千年古树上鸣叫，池水中的莲花蒙上了一层薄霜。风吹树叶沙沙作响，伴随我的吟咏，夜色逐渐笼罩禅林。这真是一个极好的寻求顿悟机缘、体悟禅意之所在，何为空无？何为寂灭？如何才能在镜花水月般意境中顿悟禅机呢？可惜自己对人生的真谛还是没有办法体悟，即便偶尔灵光一闪，也是稍纵即逝，看来只能留待机缘了。

他去凭吊陈白沙夫子，寻求立身、立言、立德之道。

> 黄云紫水路，翠竹白沙村。
>
> 后进犹题里，前贤多及门。
>
> 凤麟游已远，羔雁礼空存。
>
> 侧想文明代，师臣久不论。

黄云紫水：陈白沙居住之处。传说陈氏出生时有黄云紫水之异象，时人论当出异人。

后进：后辈，亦指学识或资历较浅的人。

前贤：前代的贤人或名人。

凤麟：凤凰与麒麟，比喻杰出罕见的人才。

羔雁：小羊和大雁，古代用为卿、大夫的贽礼。

侧想：推想，自谦之词。

师臣：对居师、保之位或加有太师官号的执政大臣的尊称。

广东江门白沙村是陈献章旧居之地，村外天沙河，河沙晶莹雪白，白沙村因此而得名，后人也称陈献章为"白沙先生"。陈白沙是明代著名的思想家、教育家、书法家、诗人，是岭南地区唯一一位被从祀于孔子的硕儒，区大相对他极为景仰。

在黄云紫水之间，翠竹掩映的白沙村内，诞生了白沙夫子这样一位大儒，他提携后进，与之交游或从学的也都是一代贤者。在圣贤文明之代，诞生了这样一位杰出的圣德之人，斯人虽已逝，但他立德、立道、立言，为后辈留下了永远学习的榜样。

区大相登上南岭，北望中原，表达建立功业的梦想。

> 岭树郁苍苍，千峰划大荒。
>
> 路盘秦栈没，天入楚云长。
>
> 地旷留铜柱，春深贡越裳。
>
> 古来思猛士，无乃固金汤。

大荒：辽阔的原野。

秦栈：秦时所筑的栈道。李白诗："芳树笼秦栈，春流绕蜀城。"

楚云：楚地之云。

铜柱：铜制的作为边界标志的界桩。

越裳：亦作"越尝""越常"，古南海国名。

猛士：勇猛之士，刘邦《大风歌》诗曰："大风起兮云飞扬，威加海内兮归故乡，安得猛士兮守四方！"

金汤：即金城汤池，金属造的城，沸水流淌的护城河，形容城池险固。

站在这巍峨的南岭之上，只见树木郁郁葱葱，数千座山峰横亘在茫茫原野。蜿蜒的栈道没入逶迤的山中，横悬在天空的是无尽的云层，一直延伸到楚国的边界。岭南地区虽然旷远，但是东汉时伏波将军马援竖立下铜柱，从此之后，岭南安定下来并纳贡称臣，百越族人最终成为泽被教化之民。自古以来帝王思念勇士，无非就是因为他们可以为国效命，守卫四方。也正是那些有才之士殚精竭虑地筹划，才使得我们的国家边防固若金汤。

极目向中原远眺，我何时才可以成为他们的一员，也干出一番事业来呢？

在游学的过程中，区大相丰富了见闻，增长了学识，开阔了眼界，他穷达进退中保持高洁操守的人格精神也逐步建立完善。一方面，他渴望入世为官建立功勋，另一方面又希冀超越世俗保持自我，用则行，舍则藏，就像在父亲区益身上表现出来的一样，把功名事业和自由人生，把"仕"和"隐"这一对矛盾和谐地统一起来。这种进退裕如的生活追求，显然和岭南文化一脉相承。

孝 亲

　　游学归来的两年间，大相没有再出游。

　　父亲明显地老了，须发早已全白，且越来越稀疏；背越来越驼，犹如虾弓。行动很迟缓，头脑也开始糊涂了，刚刚说起的事情，过一会儿就不记得了。

　　望着父亲的背影，大相常暗自垂泪，心里有种"子欲养而亲不在"的惶恐。

　　"大伦去省城乡试，可回来了？"父亲问。

　　"已回来了，且考中了；他一早去明城拣药了。"大相回道。

　　同样的话，今天已重复了十数遍。

　　"明城？"父亲突然眼睛发亮，滔滔不绝道，"明城始建于成化年间，其时高明从高要析出设县，设县治于明城。我记得那文昌塔始建于本朝万历十二年（1584），高十余丈，煞是壮观。想我高明，也是文风鼎盛，名胜众多，那东洲春浪、文昌远眺、庆林秋风、官逯青骢、鹿洞开屏、粤台白鹿诸名胜可谓闻名遐迩——我那时还带你们母亲去观过呢。"父亲竟有些不好意思。

"等哪天天清气爽，我就带您去走走吧。"大相握住父亲手说。

父亲"哦"了一声，不再言语，过了一会儿，又轻声地问："大伦去省城乡试，可回来了？"

"已回来了。他去明城拣药了。"大相耐心地说。

都说患老年痴呆的人，悠远的事情记得很清楚，刚发生的事却马上就忘记了。

父亲"哦"了一声，不再言语，努力想了一想，又轻声地问："去明城择药？谁生病了？"

大相宽慰道："没有谁生病，就是给您调理下。"

父亲沉沉睡去，大相轻摇蒲扇为父亲扇凉。

空气里弥漫着荷花、荔枝花的清香，周围一片静寂。

大相有些迷失，仿佛父亲还未曾老去，还如自己小时候给午歇的他扇凉一样。

大相侍奉父亲尽心尽力，从未懈怠，他照顾生病的父亲，常常目不交睫，衣不解带。每天早上，都要亲自为父亲洗涤溺器。冬日寒凉，父亲有些喘，不能生炭炉，他就和兄弟们先把父亲的被窝暖热，再服侍父亲歇息。父亲所服的汤药，他也要亲口尝过才放心让父亲服用。看到父亲受病痛折磨，他心中十分难过，就找来医籍学习，询问名医，希望可为父疗病，"日长惟检药囊看"，有时他还亲自上山采药。

> 一磴停来一磴攀，半乘云雾半登山。
> 世人不识飞仙事，看我天池洗药还。

险峻的西樵山耸立入云，要小心翼翼、一步一停地攀登，人们看见我好像是在腾云驾雾，还以为是天上的神仙呢。其实我是在采药，这，刚刚在山上的天池把药洗干净了，正准备回家呢。

父亲精神好些的时候，大相便扶父亲在院子里的竹榻坐下，"茶炉药碗竹间榻"，陪父亲喝茶，闲谈。

父亲目光空洞，胸前捧着那册《阮溪草堂集》，不时地翻翻，却已看不明白里面的内容了。

大相心里一阵难受，背过身悄悄抹去眼角的泪。他轻轻拿过父亲手中的书，道："这里面的诗实在太好，我且读给您听听。"

"《初夏过潼川上高明》篇：荒径无人扫，经年长薜萝。时侵愁毒热，老去苦沉疴。云水随渔钓，莺花对笑歌。何来轩冕系，岁月枉蹉跎。"

见父亲没有出声，大相继续说道："荒芜的小路常年没人打扫，长满了薜荔和女萝，正是个隐居的好去处。天气酷热，身体多病，最好的消遣莫过于去云水之间垂钓了。莺啼花开，好不惬意，什么功名利禄，只会让人虚度光阴，不过是过眼云烟罢了。"

大相放下书，斟了杯父亲喜爱的红茶，送到他唇边喝下，又用衣袖拭拭他嘴角的茶渍。

"我们再读一篇吧，《漫兴》：绿杨芳草满江皋，春色熹微入敝袍。官罢欲开彭泽径，病余谁赋广陵涛。但知遇酒便当醉，堪信无名不待逃。牢落有同吴市卒，空将白雪向人操。"

"真是无官一身轻啊，可以像陶潜那样过这田园的生活了，也可以赋诗吟咏山水，有酒当醉，追求什么功名呢？阳春白雪之曲不必弹奏，且做个孤寂的吴市隐者吧。春光翠微，我穿着破旧的衣袍，漫步在长满杨柳与香草的河岸，是何等逍遥呢。"

寸草难报三春晖

父亲的目光直直地望着墙角，那里有一株石榴，火红的花叶片片落下，青红的果实仿佛开口微笑。

大相喃喃道："汉代梅福避王莽专政，避九江，人传化仙。后人见福于会稽，变名姓，为吴市门卒，此乃吴市隐也。"

太阳渐渐升高，大相放下手中的书，将竹榻移到屋荫下，安置好父亲，见天色还早，便说道："我们再读一篇《踏青》。"

大相站在父亲榻前，轻声吟哦："踏青过中野，秧叶时复齐。农父秉犁锄，各自向田畦。晨出事东作，日夕未遑栖。荒村烟火迟，过午始蒸藜。馌饷鲜及时，风雨复凄迷。一农为我言，妻孥向人啼。上山忧豺虎，入水畏鲸鲵。盗贼纵横行，诛求彻骨皮。不见石壕吏，闻之空酸嘶。"

"闻之空酸嘶，空酸嘶，空酸嘶……"大相突然悲从中来，不由得泪流满面。

清明时节，天高气爽，我来到郊外踏青，只见禾苗绿油油一片，农夫们扛着犁耙锄头走向各自的田里劳作。他们一大早就出来干活，很晚还不能回家休息，午饭都是在地里吃的。荒凉的村落里，过了晌午才升起几股炊烟，农夫都饥肠辘辘了，午饭还没送来——那午饭也不过是煮些野菜罢了。

天空下起了蒙蒙细雨，凄凉迷茫，我和一个农夫攀谈，他的妻子和儿女则在旁边啼哭。农夫说，日子艰难啊，想去山上打猎，担心有豺狼虎豹，想去水里捕鱼，又害怕凶恶的大鱼。强盗和小偷肆意横行，什么都搜刮，简直让人活不下去。

听罢，虽没有杜甫"暮投石壕村，有吏夜捉人"的悲惨，但也让人忍不住地悲叹。

　　院门被轻轻推开，大伦走了进来。大相举起食指示意他小声点儿，走过去问道："药可拣齐了？"大伦道："都拣齐了，您去看看。父亲这里我陪着。"

　　听到说话声，父亲扭过头来，问道："大伦是你吗？你从省城乡试回来了？"

南雍

虽然早就知道，这一天终究会来临，但当它真的来临时，还是让人忍不住地哀伤。

谁言寸草心，报得三春晖。

三年过去了，大相还没有走出丧父之痛。

> 地下音容在，人间岁月侵。
> 年将世泽远，江与泪痕深。

父亲啊，虽然您早已远去，但您的音容笑貌依然在我脑海里。我苟活在这尘世间，日子一天天过去，对您的思念愈深，忍不住泪如雨下……

大伦望着日渐憔悴的哥哥，哽咽道："你我失怙，心痛如锥，但兄长您还是要保重身体啊。"

大相望着同样憔悴的弟弟，应承道："好，好，你也要保重。"

大伦道："昔者，父亲在世之时，曾令我等勤勉儒业，书香继美。他老人家说，凡我族人，质之秀者，悉令逊志读书，以为显扬。

士不可以不弘毅，任重而道远。今吾昆仲三人虽皆中举，然尚未有中进士者，你我当更进一步啊，不负修身齐家治国平天下之抱负。"

大相捶胸道："是啊，父亲生前最大的心愿，就是我们能金殿折桂。可惜我数困公车，愧对父亲，真是不孝啊。"说着不由眼圈又红了。

大伦宽慰道："胜负乃常事，兄长不必气馁。现如今三年守节已满，我打算去那南雍学习，兄长陪我同去可好？"

大相道："如此甚好。"

明洪武十五年（1382），太祖朱元璋建国家最高学府——南京国子监，永乐十九年（1421）成祖迁都北京，建北京国子监，但仍保留南京国子监，时人称以"南监""南雍"，以与"北监"区分。因路途、气候、饮食、生活习惯诸原因，南方学子多到南雍求学。

鸡笼山下，两位中年书生并肩而行，大道两旁的槐树正开着黄艳艳的花儿，满路芬芳，一阵风儿吹过，黄花簌簌落下，洒在他们肩上。

大相、大伦开始了他们在南雍的求学生涯。

南雍北及鸡笼山，西至进香河，规模宏大，"延袤十里，灯火相辉"。内设绳衍厅、博士厅、典籍厅、典簿厅和掌馔厅五厅，率性、修道、诚心、正义、崇志、广业六堂。监内"严立课程，奖诱备至"，力主经世致用，一时"师徒济济，皆奋自镞砺，研求实学"。

大相、大伦两兄弟在这里如鱼得水，他们聆听师长传道解惑，查阅典籍，与诸生交流，学问见识日增。

南雍置祭酒、司业、监丞、博士、助教、学正、学录、典簿等官职。祭酒原是指古代飨宴时酹酒祭神的长者，后指国子监最高级主管，相当于校长。

其时张位正任南雍祭酒，张位和赵志皋同在隆庆二年（1568）中进士、庶吉士，授翰林院编修。万历初因与首辅张居正意见不合，被贬为徐州同知。张居正死后不久，张位出任南雍祭酒，后与赵志皋共同入阁，任次辅，权倾一时。

在泱泱数千人的南雍学府中，大相、大伦的表现也是相当优异的，特别是大相，给张位留下相当深刻的印象，以至于后来掌权时要拉拢他。

后人有记："（大相）尝肄业南雍，新建（张位）为大司成（祭酒），深赏重，后权政，欲汲引，托所知谕意，不答。"就是说，早在大相于南雍读书时，张位就很看重、很赏识他，后来当政，就想把他拉拢成自己人，于是托熟人去说这事，谁知大相却不理会人家。

人家想提拔你，你却不理人家，所以结果可想而知，自然是"一无所与"了。

这是后话。

而现在，最激动人心的是，终于见到了仰慕已久的海青天海瑞大人。

此时的海大人可是个大官儿，南京吏部右侍郎，正三品，相当于现在的组织部副部长。

大相扯了下大伦衣袖，就要行大礼。

海大人摆手道："罢了罢了。在衙门才行礼，这里是学堂，是先生教育学生的地方，唯对孔老夫子行礼，其他的人就罢了吧。"

大伦拱手朗声道："是了是了，大人在南平县县学时，见御史大人也仅是长揖而已。"

大家哈哈大笑，拘谨的气氛一扫而空。

其时海南省还属广东省，同为广东行中书省，大家当然是同乡，海瑞对本省举子情况有所了解，对阮埇区家父子亦有耳闻。

"汝家一门四举人，可真是不简单。汝父温州公奋勇抗倭，真长我广东人志气！"

大相轻声道："家父已于本朝十一年故去，至今尚含冤莫雪。"

海瑞道："可惜，可惜。别灰心，相信终有一日令尊可沉冤得雪。当今世道贪枉横行，人心不古，瑞已垂垂老矣，社稷尚需汝等竭力匡扶。"

大相道："若家父早遇到大人就好了。大人所办徐首辅之子案，真可谓大快人心。"

大伦接着道："首辅徐阶之子霸占民田，鱼肉乡里，强占民女。家人状告，那华亭县令受贿枉法，杖毙诉主。大人微服出访，查明真相，判处徐阶之子、华亭县令死罪。那徐阶买通太监、权贵，妄图罢免大人，推翻定案。大人义之所在，断然处斩二犯，而后大堂挂印，慨然罢官归里。此等刚劲之性，诚为人所难能也。"

海瑞正色道："当官要为民作主，比起前朝包大人，我还差得远哩，他可是驸马爷都敢铡呢。"

沉静的大相被热烈的气氛感染，也兴奋地说："包拯包大人出任我端州，爱民如子。离任之时，乡人以一方端砚相赠。船至中流，包大人才发现书童私收乡绅砚台，遂将此砚抛入江中。包公不持一砚归，清廉耿介，直流芳千古。"

大伦说道："铁面无私丹心忠，做官不可贪叨功；操劳本是分内事，拒礼为开廉洁风——包大人六十大寿，写《拒寿礼》给儿子，让他别收人家贺礼。好一个拒礼为开廉洁风，真乃出淤泥而不染。"

海瑞点头道："是的，别说普通百姓官宦的礼了，就是皇上送的贺礼，他也一概不收，真是难能可贵啊。"

大相道："还有那'悬鱼太守'羊续，施政清平，为人俭朴。属下捕鱼，非要送他一条活鲤鱼，他无奈收下，遂挂在庭檐之下，几日后活鲤鱼成了臭鱼干，羊续仍坚持不让人取掉，以此表达自己不收礼的决心。"

秋日的午后，阳光和煦，三位同乡坐在湖边的石凳上，言谈甚欢。湖池里有几径残荷，湖岸种植的菊花青白相间，远处的山坡上，果树郁郁苍苍。

海瑞站起身来，诵道："荷尽已无擎雨盖，菊残犹有傲霜枝。"

大相、大伦也站起来，齐声和道："一年好景君须记，正是橙黄橘绿时——大人，我们弟兄一定会牢记您的教诲，不负学问，不负天朝，不负我广东。"

与海瑞的会谈，对大相、大伦的思想产生了深刻的影响，甚至决定了他们此后的人生轨迹。海瑞的高风亮节，激励他们树立远大志向，为官爱民，刚正不阿。

关于这次会见，后人有记："（大伦）从叔兄（大相）鼓箧南雍，论列古今，为中丞海忠介（海瑞谥号）许可。"

歌钟正高会，
默默守玄理。

【第二章】

京师

中进士

万历十年（1582），大明内阁首辅、上柱国、正一品太师兼太傅、中极殿大学士张居正卒，年五十八。万历十五年（1587），六十岁的戚继光也去世了。申时行成为内阁首辅后，政务宽大，能容人，世称长者。然凡事务承帝旨，不能有所匡正，致"上下恬熙，法纪渐不振"。

从十岁开始，万历帝就一直生活在"亚父"张居正的阴影里。张居正死后，所有的权力终于回到了自己的手中，算是得到了彻底的解放。以致后来的万历帝，没人能管得了他了，他想怎么做就怎么做，想上朝就上朝，不想上朝就不上。后来干脆彻底不上了，整天宅在宫里，除了内阁大臣外，谁也不见。所以，后人对万历帝的评价只有一个字：懒。但其实万历帝只是不上朝，并非不办公。

万历十六年（1588），对于阮埇区家来说，是个让人悲伤的年份。在父亲故去五年后，大哥区大标也溘然离世，年仅四十有七。

大标生性敦厚，对父母孝亲，对弟兄友悌。因未考取功名，他一直在家打理族务，办事公允，心地宅厚，一向为族人所敬重。可惜英年而逝，如何让人不痛！

大标留下一双儿女，尚未成年；妻子吴氏尚年轻，却坚持要与儿女们相依为命，生是区家人，死是区家鬼，不离不弃。

大相悲痛之余，更怜惜这一对侄儿女，叮嘱妻子罗氏对他们多加照顾，自己更是把他们视为己出，教他们读书写字，安排他们去学堂求学，无微不至，以至于他的小儿子怀年都抱怨父亲偏心。

后人有记："悼伯兄（大标）中年去世，（大相）友爱吾辈非复人间兄弟。"

万历十七年（1589），己丑年，又一个大考之年。

收拾起悲伤，带着不甘与期望，大相携大伦又向京城进发。

兄弟同心，其利断金。

或许是有弟弟并肩作战，这一年的科考非常顺利，会试毕，中贡生，就来到了保和殿，应殿试。殿试又称"御试""廷试""廷对"，是科举考试的最后一级，由皇帝亲自主持和出题，并定出名次。

阳春三月，东方泛白，三百五十名贡生早已恭候在保和殿外，历经点名、散卷、赞拜、行礼等礼节，然后颁发策题。殿试只考策问一项，即时务策。试题一般由内阁预先拟定，考试的前一天呈给皇帝圈定。策文不限长短，但特别强调书写，必须用正体，即所谓"台阁体"，字的要求是乌、方、光。乌就是黑，黑得发亮；方是把字写方正，大小一致；光是光滑、流畅、流丽。从某种角度来看，书法有时甚至比文章更重要。现在也是一样，考试书写工整给阅卷者留个好印象，卷面分肯定要高些。

太阳渐渐升起，驱走春寒。

大相拿着策题，苦苦思索："纪纲所以兴颓？风俗所以淳漓？"

在乡野与渔人樵夫的攀谈，在书院与师长学子们的交流，游学时的见闻与思索一一浮现于眼前。是啊，国家和谐，一定要上下一心。上有纪纲，下有风俗。严法守，端好尚，上行下效，天下定矣。

思虑成熟，挥笔写就："夫朝廷，元气也；纪纲，血脉也；风俗，营卫也。有元气以运血脉，役营卫然后通流联络，而无底滞偏胜之患。故严法守则纪纲自正，端好尚则风俗自厚。"

…………

日暮时分，众考生交卷，经受卷官、掌卷官、弥封官等收存。第二日阅卷，分交读卷官轮流评阅，各加"○""△""＼""１""×"五种记号，得"○"最多者为最佳卷。而后读卷官拣出前十名进呈皇帝，钦定御批一甲第一、二、三名，即状元、榜眼、探花。

一天之内，有限的几个读卷官要评定那么多考卷，应该是相当紧张的。读卷官的任务，其实主要是从众多的试卷中挑选出十份卷子，以便给皇上确定一甲三名的人选，其他分等定名次实际上是无关紧要的。试想下，能从全国千军万马之中，一路直杀到这保和殿应试的，哪个又会是平庸之辈呢？

殿试结果第三日公布，由填榜官填写录取名单，称为"甲榜"，又称"金榜"，所谓"金榜题名"即指此。

在忐忑的等待中，结果出来了，大相、大伦均榜上有名。

区大伦，己丑科殿试金榜第三甲第101名同进士出身。

区大相，己丑科殿试金榜第三甲第151名同进士出身。

兄弟相拥，喜极而泣。

殿试之后，皇上赐新科进士"恩荣宴"祝贺，又称"琼林宴"。古代科举之后，由官方、朝廷为考中学子主办盛大庆祝宴会，以示恩典。自唐代以来，分设文武两科，鹿鸣宴、琼林宴为文科宴，鹰扬宴、会武宴为武科宴，共称科举四宴。

终于扬眉吐气的区大相心情舒畅，赋诗道：

> 遭世本清穆，与子共翱翔。
> 肃肃群龙会，式宴开此堂。
> 各怀仁义言，被服文绣裳。
> 清论吐兰气，矩步接周行。
> 白日耀华簪，春风流羽觞。
> 长袖多奇舞，皓齿发新倡。
> 四座咸既醉，感激思徬徨。
> 一朝遗顾盼，千载有芬芳。
> 日入车马散，余辉映雕梁。
> 勖哉众君子，无已歌太康。

清穆：清明和畅。

翱翔：此处指宴饮。

绣裳：指刺绣的华美衣服。

清论：指清雅的言谈。

矩步：指端方合度的行步姿态，形容举动合乎礼仪。

华簪：指华贵的冠簪，古人用簪把冠连缀固定在头发上。

羽觞：指酒杯，又称羽杯、耳杯，是中国古代的一种盛酒器具，因其两侧有耳，就如鸟之双翼，故名。

芬芳：比喻美好的德行或名声。

日入：太阳落下去。

勖：勉励。

无已：不知疲倦。

太康：社会太平安宁。

春光明媚，世道清明，有幸与诸位一起宴饮庆贺。真是人才济济，群龙会聚啊，各位都是衣着华美、仪态端方、言谈清雅、吐气如兰。大家端起酒杯，欣赏着美妙的歌舞，直到日落时分才散去。感激皇上天恩浩荡，我等得以进士及第，我要与才德兼备的诸君共勉，共同讴歌这太平盛世，不倦不怠。

遥远的阮埇村，大枢跌坐在父亲墓前，时笑时哭。在得知两位弟弟及第的第一时间，他便携一埕酒来告知父亲："中了，他们考中了，大相、大伦都进士及第了，父亲您可听到？"

一埕酒见底了，只听大枢还在兀自喃喃："中了，中了。"

后来村人都说，这年村旁的荷花池内竟生出一株并蒂莲花来，当应此兆。

这时的区大相已经年届不惑，回忆过往种种，他感叹道：

> 未觉世途艰，安见流光驶。
>
> 蹉跎及兹辰，弱龄逼强仕。
>
> 心长发奈短，素丝渐垂耳。
>
> 览镜非旧容，逢人羞问齿。
>
> 芳时不再至，壮心讵能已。

流光：指如流水般逝去的时光。

蹉跎：指虚度光阴。

弱龄：弱冠之年，泛指幼年、青少年。陶潜诗："弱龄寄事外，委怀在琴书。"

强仕：四十岁的代称。《礼记·曲礼上》："四十曰强，而仕。"

素丝：比喻白发，李贺《咏怀》诗："日夕著书罢，惊霜落素丝。"

齿：因幼马每岁生一齿，故以齿计算牛马的岁数，亦指人的年龄，如用"马齿徒增"自谦年长无能。

壮心：豪壮的志愿，曹操诗："老骥伏枥，志在千里。烈士暮年，壮心不已。"

当日年少时，从未觉得世道艰辛，也感觉不到岁月如流水般飞逝，不知不觉间，已近四十。我虚掷光阴，一事无成，而后起的青年才俊们却一个比一个厉害，让人汗颜。头上的白发长得都到了耳朵，镜中容颜已非昔日，而是看起来那么苍老。岁月蹉跎，理想尚未实现，使得别人问自己岁数时都不好意思说出口。

如花年少虽不再来，但雄心壮志又岂能停止?!

庶吉士

　　所有进士中，一甲三人，殿试后立即授职，状元授翰林院修撰，榜眼、探花授翰林院编修；二、三甲进士，再参加朝考，考论诏奏议诗赋，选擅长文学书画者为翰林院庶吉士，即俗称的"点翰林"。其余进士，则分派各部任主事、中书、评事、推官等职，或以知县优先委用，称为散馆。

　　尘埃落定，大相任翰林院庶吉士，大伦任东明县知县。

　　大相和好友们一起来给大伦送行，兄弟俩依依不舍。

> 努力向明时，悠然眷路歧。
>
> 之官怀弟别，对友念兄离。
>
> 夜雨黎阳树，春风濮水湄。
>
> 明朝棣华咏，应接苔棠诗。
>
> 明时：指政治清明的时代。

悠然：忧伤貌。梅尧臣诗："悠然伤我心，历乱非可拟。"

路歧：歧路，岔道。

之官：前往任所。

黎阳：地名。

濮水：河流名。

棣华：《诗经》云："常棣之华，鄂不韡韡。凡今之人，莫如兄弟。"这是宴会时歌唱兄弟亲情的诗，后因以"棣华"喻兄弟。

芾棠：喻惠政。《诗经》云："蔽芾甘棠，勿翦勿伐，召伯所茇。蔽芾甘棠，勿翦勿败，召公所憩。蔽芾甘棠，勿翦勿拜，召伯所说。"

弟弟就要去赴任了，我来给他送行，在岔道口，想着就要兄弟分离了，我忍不住地忧伤。濮水岸上春风吹过，树叶飒飒作响，因为昨夜下了雨，树木都显得生机盎然。当今政治清明，正值盛明之朝，弟弟你此去东明，当多施仁政，传播惠风，这才不辜负我们的兄弟之情啊。

字里行间透露着大相对手足的不舍之情，但他更期许弟弟可以做个廉洁奉公、济世爱民的好官。

送别弟弟，大相便来翰林院文渊阁报到。

庶吉士，亦称庶常，为皇帝近臣，负责起草诏书，有为皇帝及太子讲经解籍等责，为明内阁辅臣的重要来源。朝廷有"非进士不入翰林，非翰林不入内阁"之说，故此庶吉士号称"储相"。能成为庶吉士的人升迁很快，有大把机会平步青云，如大名鼎鼎的张居正、赵志皋、沈一贯等首辅，便是庶吉士出身。有鉴于此，庶吉士都是各派政治势力极力拉拢的对象。

庶吉士实际上相当于岗前培训，与国子监相比，只不过是换了个学习的地方。虽然心理上轻松了许多，不用再为考取功名忧虑，但是不好好学习也是不行的。因为每个月还要考试，即阁试（文渊阁的考试），内容有诗词、馆课等，考试通常由阁臣出题，有时会是皇上亲自出题。

此时的大相已非不更事之少年，自然非常珍惜这来之不易的学习机会，考试屡屡得第一。

如其阁试作《新春自述》。

> 芳郊绿未满，御河泉已新。
>
> 乔木变初鸟，轻澌戏早鳞。
>
> 游冶逐芳辰，车马驰要津。
>
> 通城罗第宅，夹道列华裀。
>
> 我本穷乡士，远游谢亲宾。
>
> 谬随金闺彦，三见燕草春。
>
> 所惭尺寸朽，雨露负皇仁。
>
> 丹铅理薄技，青云思致身。
>
> 耻学繁华子，争妍桃李尘。

御河：指环绕皇城的护城河。

乔木：高大的树木。

澌：指解冻时河中流动的冰块，杜安世《折红梅》词："喜冰澌初泮，微和渐入、东郊时节。"

游冶：出游寻乐。

芳辰：美好的时光。

要津：重要的津渡。

华裀：华美的衣服。刘长卿诗："何如上客会，长袖入华茵？"

金闺彦：朝廷上杰出的才士。

燕草：泛指北方的草，李白诗："燕草如碧丝，秦桑低绿枝。"

雨露：雨和露，喻沐浴皇帝恩泽。高适诗："圣代即今多雨露，暂时分手莫踌躇。"

丹铅：指点勘书籍用的朱砂和铅粉，此处借指校订之事。

薄技：浅薄的才能，谦辞。

青云：比喻远大的抱负和志向。

繁华子：容饰华丽的少年。沈约诗："洛阳繁华子，长安轻薄儿。"

桃李尘：喻如梅花般不与世俗同流合污，王冕诗："冰雪林中若此身，不同桃李混芳尘。"

早春时节，郊外花草芬芳，护城河里的冰解冻了，有鱼儿在游弋，高大的树木上，几只小鸟婉转啼鸣。不负春光，人们纷纷出来游玩，车马把交通要道都给堵了。遍城高大的宅第，道路上是衣服华美的人群，一派繁华景象。想我本是荒凉乡村的一个读书人，辞别亲人与家乡，来到这遥远的京城，得以和一班朝廷俊杰一起，领略这美好春光，真是三生有幸啊。以我老朽之人浅薄的学识，能够承蒙皇恩，真是万分惭愧啊。我决不学那纨绔子弟的模样，我一定不忘青云之志，努力工作报效朝廷。

又如其阁试《为政有纲纪文章论》，这次是吏部左侍郎兼东阁大学士张位出的题目。

"尝谓圣王之法，不可一日不行于天下，而亦不能日徒行于天下。夫天下曷尝无法哉，其所统一伦类，役使群动，上下相承，大小相维，整齐天下之具，固犁然备也。然而或废格不行，何也？积渐久而人心玩也，承平狃之则玩，耳目靡之则玩，文议牵之则玩。"

……………

"今夫天下之势亦涣矣，毋论远而俟甸，远而要荒，即循陛之迩辇毂之下，星布棋列，未始无爪牙臂指之势存焉。一日无纲纪则散，一日无文章则紊。夫为政而至于散且紊，此与操不柁之舟，试阳侯之波者，何异而乌乎？"

……………

张大学士已是朝中的大人物，离开南京国子监后，由首辅申时行推荐，被召入阁，教习庶吉士。

"一日无纲纪则散，一日无文章则紊……这不正是我朝之现状吗？见识深远啊，写得好！"即批第一名。

张大学士一向赏识区大相，早在南京国子监时，就"深赏重"。现今来到了京城，见区大相"馆阁试课，凡进士题名记，若列卿年表，叙太庙，与上苑迁莺诗，俱进呈第一"，就更加赏识了，便想拉拢他为己所用。于是，便托熟人去说这事，"（位）欲汲引，托所知谕意，（相）不答"。

大相也太不给面子了吧，张大人后来入阁任次辅，权倾朝野，但再也没有理会这位不识时务的翰林院学士。

当然，大相并不是个死读书的书呆子，并非不和他人往来，他只不过是不愿趋炎附势、攀附权贵罢了。闲暇之时，他就经常和焦竑（第一甲第一名、状元）、董其昌（第二甲第一名、传胪）、包汝钝（第二甲第二十二名）等人一起游乐，也留下了些文人雅事。

传胪董其昌画儿画得好，还曾教皇子学画，也好诗，常与大相诗文唱和，二人被称为翰林院之"双璧"。但董传胪自愧弗如，总是说："我不如区大相啊。"

这一天，不知为什么，几个人又凑到了一块，而且还是个大热天。

> 何为触热客来俱，槐市东头赤日无。
>
> 座上清言皆月露，樽前闲兴尽江湖。
>
> 敲冰凉沁玻璃碗，挂壁云生水石图。
>
> 雍馆风流有如此，将因著论老潜夫。

触热：冒着炎热。

槐市：汉代长安读书人聚之所，因其地多槐而得名。后借指学宫、学舍。宋苏轼诗："但见中年隐槐市，岂知平日赋兰台。"

清言：高雅的言论。晋陶潜诗："问金终寄心，清言晓未悟。"

月露：月光下的露滴。

江湖：比喻平静澄澈的水面。

敲冰：纸名，即敲冰纸，浙江剡溪所出。剡水清洁，山多藤楮，相传以敲冰取冬水所制，最为精美，故得名。

玻璃：古为玉名，亦称水玉，或为水晶。

雍馆：即辟雍，本为西周天子为教育贵族子弟设立的大学，取四周有水，形如璧环为名。后代指学宫。

潜夫：隐者。清方文诗："勿使衡门延俗客，每将疑义问潜夫。"

为什么大家都冒着盛夏的酷热凑到一起来了？因为学舍这儿一片清凉啊，当然，更重要的是大家情趣相若、志同道合。朋友们高雅的言论就好像是月光下的露滴，沁人心脾；闲情逸致如同平静澄澈的湖面，顿生凉意。更别说大家挥毫赋诗作画，那水石图上仿佛都飘出一片片云朵，来遮蔽炎热。学舍如此风采，我们仿佛一个个都成了逃避仕宦的隐士。

看来文人雅士们避暑的方式很特别，画幅山水画，看看就自然凉快了。

看雪

大相站在新租房屋的门口，焦急地张望着。

早晨的时候，天上已铺满一层层的乌云，现在已黄昏时分，天空却反而亮堂起来，风小了，却更冷了。他来回跺了几下脚，紧紧领口，抵御不知从哪儿袭来的寒气。

一辆马车出现在街口，缓缓驶过来。大相迎上去，和车夫打着招呼，指引马车在门前停下。

最先跳出来的是怀瑞，大半年未见，又长高了许多。他问候了父亲，就帮忙从车上搬下行李。大相把怀年抱下来，哥哥拉着弟弟的手，快乐地跑进他们的新家。

大相扶着妻子下来，柔声问道："路途辛苦了吧?"

"也不辛苦，"妻子笑道，"就是越走越冷，一边走，一边从箱子里拿出衣衫来着。"

"可能要下雪了。"大相望着发白的天空说。

"是吗? 太好了，我还没见过雪呢。"妻子有点儿小兴奋。

一家团聚，欢笑晏晏。

用过洗尘宴，妻子正冲着茶，怀年突然指向门帘外，问道："父亲，那是什么?"

赏瑞雪其乐融融

大相向外一看，只见一片片雪花无声落下，随风飘舞。

"下雪了。"大相拉着孩子们走出门外。

"这就是雪吗?"妻子放下茶具跟出来，雪花轻轻飘落在她肩上，她伸出纤纤玉手去接，雪花一沾手便融化了，留下一丝凉意。

"这雪真白啊，有六瓣的，就跟我们阮埔家里的梅花一样。"妻子扭头笑着对大相道。

"喜欢这北方之地吗?"大相含笑问。

"喜欢。我们南方虽然气候温润，四季草木长青，但是成年累月地也没个变化;这北方四季分明，该热的时候热，该冷的时候冷，另有一番味道。"妻子很善于总结。

两个孩子也是第一次看见雪，开心地蹦着，跳着，笑着，追逐着飞舞的雪花。

"听老人家讲，瑞雪兆丰年。这么大的雪，农家一定会有个好收成，再无饥荒了。"善良的妻子说道。

"那倒不一定。"大相略有些忧郁，"当今世道……唉，你们一路上来，可曾见过流民?"

"有啊，挺吓人的。"妻子心有余悸。

"外面天儿冷，快进屋去喝杯热茶吧。"大相招呼着大家。

家人回到屋里。大相去了书房，不一会儿又出来，交给怀瑞一张宣纸。

"《家人初至京庭中对雪作》。"怀瑞望了眼父亲，朗声读道:

> 庭霰今朝集，家筵此日开。
>
> 不知燕地雪，犹讶故园梅。

怀年笑着插嘴道:"这句是讲母亲把雪花当成梅花啦。"

母亲脸微红，打了下他的小手嗔道："别多嘴，听哥哥念。"

怀瑞继续读道：

玉袖承花出，珠帘卷絮回。

瑶华虽可赠，留赏上春来。

庭霰：落在庭院中的雪粒。

犹讶：此处写尽妻子初见雪之惊喜情态，极其传神。

卷絮：指雪花纷纷扬扬好似柳絮。

瑶华：亦作"瑶花"，一种玉白色的花，此处喻霜、雪。唐张九龄诗："忽对林亭雪，瑶华处处开。"

上春：即孟春，春季的首月。古时农历一年分十二个月，依次为：孟春、仲春、季春，孟夏、仲夏、季夏，孟秋、仲秋、季秋，孟冬、仲冬、季冬。

大相笑道："年儿，你可知道这诗写的什么？"

"我知道，我知道。"怀年雀跃道。

"那就给我们大家讲讲呗。"母亲鼓励道。

怀年站直身体，昂首挺胸，一本正经地大声说道："母亲没见过雪，她见到下雪高兴得不得了，把雪花误以为是咱们家乡的梅花了。她伸手去接，结果门帘一掀，把雪又给吹走了。父亲说，现在虽然雪花美妙可赠予母亲共赏，但是若待到正月的初春时节，赏梅看雪，那又是别一番滋味了。"

大家一起笑看着母亲，母亲的脸更红了，她一边给大家加了热茶，一边岔开话题道："瑞儿，你已上了几年学堂，也可学着父亲作一首咏雪的诗啊。"

大相也期许地望着怀瑞，怀瑞放下茶杯，望着天空簌簌落下雪花，沉思一会儿，诵道：

> 晓云双阙外，夕霰一庭中。
> 絮起犹含吹，花飞更舞空。

双阙：指古代宫殿、祠庙、陵墓前两边高台上的楼观，此处借指京都。三国曹植诗："聊且夜行游，游彼双阙间。"

从早上开始，空中便积累了厚厚的云层，到了晚上就开始下起雪来，纷纷扬扬飘落的雪花，就像柳絮被风吹起，又像落花在空中飞舞。

大相赞许地点着头，欣慰地看着儿子，接着诵道：

> 谢吟还汝共，郢曲为谁工。
> 往岁梅关北，寒深阻塞鸿。

谢吟：指谢道韫的咏雪之句，《三字经》："谢道韫，能咏吟。"谢安在一个雪天和子侄们讨论可用何物比喻飞雪，侄子谢朗说道："撒盐空中差可拟。"侄女谢道韫则说："未若柳絮因风起。"因其比喻精妙而受到众人的赞许，"咏絮之才"也成为称赞女性有文才的常用语。

郢曲：泛指乐曲。

梅关：在岭南五岭之梅岭上，古称秦关，又称横浦关，民间作岭南与中原之分界。

塞鸿：边塞的鸿雁。鸿雁秋季南来，春季北去，故古人常以之作比，表示对远离家乡亲人的怀念。相传汉苏武被拘于匈奴，曾借鸿雁传书，也常以"塞鸿"指代信使。

　　家人欢聚，和儿子们一起赋诗咏雪，其乐融融。此时，梅关以北的地区都应该很冷了吧，可能正因为如此，好久没收到家乡的信函了，不知亲人们可安好？

　　淡淡的忧思弥漫。

　　知道父亲思念亲人，乖巧的怀瑞说道："不知道七叔那里可有落雪呢？"

　　"是啊，七弟在东明怎么样了？"妻子也关切地问道。

　　"他啊，"说到大伦，大相的心里快乐起来，"他在东明做得很好。"

七弟

区大伦，字孝先，号罗阳，生于嘉靖三十年（1551），万历十年（1582）中举，万历十七年（1589）与兄区大相同榜进士，遂"出宰东明"（出任山东东明县知县）。

大伦少时聪慧，不输诸兄长，后人有记："天纵生知，趋庭学易，甫髫试，辄冠军。"意思是说，这娃生下来就聪明，每每考试，都是第一。

少年时即仰慕江门白沙先生，曾对着村畔的滔滔西江水，放声而歌："我家江洲上，遥望江门郭。百里见水流，烟霞复参错。"时人皆称奇。

春天是播种希望的季节，但知县区大伦触目一片疮痍：田地荒芜，野草丛生，路上是三五成群的流民，一会儿这几人打架斗殴，一会儿那几人滋事抢掠。已经过午，村里冒出一两束炊烟，不时地传来几声野狗的悲鸣。

流民是明代中后期一个严重问题，成为社会的不稳定因素，最终导致王朝的覆灭。

中国封建王朝是个从土里刨食的农耕社会，土地是根本，但由于土地兼并，赋税严重，再加上天灾，许多农民被迫离开田地，成为流民。他们四处游荡，没有户籍，为了生计，时不时会偷盗、抢劫。官府剿之则散，官府退之则聚，对于他们朝廷十分头痛。

流年不利，上任伊始，区大伦便赶上了个荒年。

坐在县衙大堂有何用？所以一大早区知县便带着县丞和几个衙役去了乡下。

大路边，一位妇人捶胸顿足哀号："俺的儿啊，俺的女儿啊。"

大伦走上前去，问道："这位大嫂，您有何事？"

妇人置若罔闻，依旧哀号着："俺的儿啊，俺的女儿啊。"

旁边几个流民凑过来，一个流民咧口笑着，嘴里有两颗崩牙，说起话来有点儿漏风。

"她叫吴大嫂，男人饿死了，眼看一双儿女也活不成。这不，刚把俩儿女卖给了大刘村的刘员外，埋她男人哩。"

大伦向妇人道："你可知道那大刘村怎么去？"

妇人止住了哭，胆怯地望着众人，抽泣着没说话。

"俺知道，俺带你们去。"崩牙流民抢着道。

刘员外家的朱漆大门紧闭着，衙役上前一阵猛擂，里面传出几声狗叫。

大门缓缓打开，一个肥头大耳的人探出头来，吼道："敲什么敲，小心老子把你绑了送到衙门去。"

大伦上前一步，喝道："你是刘员外吧，我且问你，你可买了这位大嫂的一双儿女？"大伦指着妇人说。

刘员外乜斜着眼看那妇人，道："不错。是又怎么样？我可是有字据的。"

大伦道："你现在去把字据拿出来。"

刘员外："你是什么人啊，敢让我拿……"

衙役冲过去，喝道："叫你拿你就拿，啰唆个啥？"

刘员外不满地摇着他的肥头大耳，关上大门，转身走进屋去。

不一会儿，门又打开，县丞上前拿过字据递给大伦。

大伦看着字据，痛心道："两个孩子就卖二两银子，一个孩子一两银子……"他掏出一把碎银，扭头看着县丞，"你再给我凑点，回县衙还你"。县丞不太情愿地摸出几块碎银交给大伦。

大伦掂掂手上的银子，递给刘员外，喝道："这里足够二两了，从此你与这母子三人再无瓜葛。"

虽然没穿官服，但是刘员外已大约猜出这班人的来历不简单，心虽不甘，也只好悻悻接过银子，转身回屋，拉出两个五六岁的孩子。

孩子们见到母亲，挣脱刘员外的手，扑了过去，妇人紧紧搂着自己的儿女，口中"心啊""肝啊"地叫着。

大伦唰唰撕掉卖身契，扶起妇人，说道："回去过日子吧。记住了，以后无论多艰难，都别再卖孩子了。"

妇人拉着孩子给大伦磕头，千恩万谢地走了。

《东明县志》有记："岁歉，鬻子女者悉为赎还。"

大伦叹了口气，回过头来，看见崩牙流民众人还跟在身后，喝道："春种一粒粟，秋收万颗子。如今正是春耕时节，你等不事稼穑，游手好闲，该当何罪？"

崩牙流民吓得打了个哆嗦，回道："老爷有所不知，不是我们不想干活，只是，只是牛都给征走了，没法犁田啊。"

大伦望向田里，果然地都板结着，几场春雨，杂草钻出来，几朵不知名的杂花在风里摇曳。

"唉，"大伦长叹一声，语气缓和了些，"纵然没有牛，人也可以耕啊，总比游手好闲要好。"

"这个，老爷，您有所不知。就凭人刨啊，那点儿收成，还不够交差粮呢，我们忙活一年，反欠着官家一屁股债，还不如啥也不干，省点儿气力好。"

区知县一时语塞，他沉吟了一会儿，语重心长地说道："你等且回家去，告知乡里，俱各安心，不日县府将开仓赈济。你等勿弃善念，勿作非为，勿捐妻子，勿离井乡。"

返回路上，他对县丞道："回去把府衙的税契、杂赋等开支重新核算核算，挤出钱来给乡民买牛，多多益善。先把地耕起来，庄稼得种上，地不能荒着，要让老百姓有饭吃才行啊。"

县丞点头称是。

《东明县志》记载：区知县恪守"民以食为天，衣食足而知荣辱"的古训，对贫穷的农户赠以耕牛和种子，还经常亲自到田间督农。对勤于耕作、勤于桑麻者，微示以奖；对惰于耕作、惰于桑麻者，则微示以罚，于是百姓竞事生产。

"还有——"大伦沉思道，"语曰，有田不耕仓廪虚，有书不教子孙愚。要把县里的学堂办起来，明乡人以孝让之道，知仁守礼，乡风民风好了，流民之类自然就少了。"

县丞回道："近年灾荒，许多学堂都停下来了。没钱，请不来先生。大家肚子都吃不饱，谁还送孩子去读书啊。"

大伦沉吟道："回去再想想办法，可以多开置些学田来。办好学堂，培植风气，功在当代，利在千秋，可是国之大计，头等大事啊，耽误不得。"

《东明县志》有载："区知县认为，要使社会安定，必须首先端正社会风气。他常在四时之暇到乡村去宣讲乡约，对百姓中的好人好事给予表彰，坏人坏事则予以指责、惩处；对七十岁以上的高龄有德者，赐以冠、袍、拄杖，并且常去慰问。农闲之时，又将这些老人集于乡公所，宴之以酒食，故百姓皆知长幼尊卑之节。"

回到县衙，已是月上柳梢，正好收到京师兄长的来信，《闻郡国被灾东明弟拮据荒政百尔劳瘁遥有此寄》。

> 忆弟心如岁，忧时发欲星。
> 衣裳带月入，涕泪及秋零。
> 小邑歌鸿雁，高原起鹡鸰。
> 忽闻颂声作，频使客愁醒。

心如岁：度日如年之意。

发欲星：花白的头发。

带月：披戴月色。晋陶潜诗："晨兴理荒秽，带月荷锄归。"

小邑：小城，小县城。

鸿雁、鹡鸰：比喻兄弟。唐杜甫诗："鸿雁影来连峡内，鹡鸰飞急到沙头。"

七弟：见字如晤。听闻你在东明任上遭遇荒年，正在采取救济措施，殚精竭虑筹划赈济百姓。想着你披星戴月、没日没夜地辛劳，因忙于政务而日渐憔悴，我心里焦思忧虑，度日如年，头发都急白了。我在京师无时无刻不牵挂着弟弟你啊，因忧心而泣下，弟弟你在遥远的东明肯定也常常思念家乡、思念亲人吧。希望通过你不懈的努力，东明遭遇的困境能有所改善。突然在朝中听到一片对你的颂赞之声，这说明你惠民济世的措施有了成效，得到大家的赞同，这让我忧愁的心略略宽解了些。

"兄长。"合上信函，大伦轻叫了一声，不觉眼睛湿润。

大伦在东明任职五年，殚精极思，立规创制，改革时政。东明之吏胥一贯豪狡难治，他多方裁抑刷剔，对尚能奉法循理者不予深究，望其暗中改过；对那些横行不法者，必予公开审理惩处。吏胥于是懔懔然又有所畏惧，不敢再有越轨之举。一时吏治清明，人称青天。

东明地连三省，讼狱嚣杂，大伦则深入调查，公开论断，使那些含冤受屈者能剖白疑解，而那些狡赖健讼者却法网难逃。他广施惠政，如建设学宫，赈济贫困，奖掖后进，舍水施药，凡此种种有关民生之计，无不积极推行，从而得到百姓的高度评价，认为古史《循吏传》中之能事，他兼而有之。

虽为些小州县吏，但一枝一叶总关情啊。

大伦离任之后，乡人自发建区公祠纪念。此后数百年之中，东明人谈起宰令之贤，犹首推区知县。

抗倭援朝

皇赫怒，命东征。

千翼举，七萃行。

渡绿江，援王京。

鳌足断，海波平。

扶桑拂，旸谷升。

旭日中，仰大明。

戮群倭，定朝鲜。

武功振，文德宣。

櫜弓矢，戢戈铤。

藩服固，王会全。

祥瑞降，诸福骈。

祝圣寿，万斯年。

赫怒：盛怒，大怒。

东征：向东征伐。此处指明朝廷出兵朝鲜，抗击日本。

千翼：成百上千的意思，形容军队人数多。

七萃：泛指天子的禁卫军或精锐的部队。唐许敬宗诗："长驱七萃卒，成功百战场。"

绿江：鸭绿江。

王京：帝都，此指朝鲜的王都汉城。

鳌足：传说中女娲用作天柱的大龟四足。《淮南子·览冥训》载："于是女娲炼五色石以补苍天，断鳌足以立四极。"此处以女娲补天做喻，指明朝廷取得战争胜利，使天下平定。

扶桑：神话中的树名，如吴刚在月亮上天天砍的桂花树。此处指日本。

旸谷：古称日出之处。古人传说太阳早上从东方的"旸谷"出发，晚上落到西方的"禺谷"。

武功：军事方面的功绩。

文德：与"武功"相对，指礼乐教化。

櫜弓、戢戈：藏弓、收戈。成语"櫜弓戢矢"出自《诗经》："载戢干戈，载櫜弓矢。"指收藏干戈弓矢，停息战事。

藩服：古代分王畿以外之地为九服，其封国区域离王畿最远的称"藩服"。

王会：旧时诸侯、四夷或藩属朝贡天子的聚会。

这组《定朝鲜》三言诗，格调雄浑，气象磅礴，读起来慷慨激昂，令人激荡沸腾，血脉奋张，吾大中华之自豪感油然而生。

此诗记述的是著名的"万历朝鲜之役"。因万历二十年（1592）农历是壬辰年，故史称为"壬辰之役"，实际上这场战争断断续续，直到万历二十六年（1598）才完全结束。

其间，区大相以翰林院官员的身份，参加了抗倭援朝战争。战争初期，他和朝中大多数人一样，充满乐观精神，认为马到功成，明军必然获胜。三言诗中宣扬了大明的国威，颂扬朝廷威仪如日中时分的太阳，威震四方，万国敬仰。

然而随着战事的推进，大相逐渐认识到战争的残酷，心态经历了从最初的兴奋，到后来的失望乃至愤慨……

万历二十年五月，辽东巡抚紧急奏报："倭贼自釜山登陆，进攻朝鲜……朝军望风而逃，王京失陷，朝鲜国王李昖逃亡平壤。"

七月，兵部尚书石星奏报："自倭贼入侵之日起，至今仅两月，朝鲜全境八道已失七道，仅有全罗道幸保。朝军守将无能，士兵毫无战力，一触即溃，四散而逃，现倭军已进抵江（鸭绿江）边。是否派军入朝作战，望尽早定夺。"

与此同时，朝鲜派往明朝求救的使者相望于道，络绎不绝。

眼看朝鲜就要亡国了，大明朝中议论纷纭，有主战的，有议和的，不能定夺。

在吵吵嚷嚷中，明朝犹犹豫豫地向朝鲜派出了第一支军队。受命出击的人，是辽东副总兵祖承训。他轻敌冒进，大败而归。

于是，朝中议和之声顿占上风，兵部尚书石星更是力主议和。内阁首辅赵志皋不愿多事，也是相与应和。

这时，一个人发话了："宜速救援！"

说这句话的人正是万历帝。听到这句话，议和派沉默了。经过商讨，明朝确定了最后方针——抗倭援朝。

万历帝历来被后人诟病懒政，但这句话讲得好，充分体现了一位政治家的高瞻远瞩。

因为万历帝非常清楚：日本的狼子野心绝不仅仅止于朝鲜，一旦其吞并成功，增强实力后养精蓄锐，下一个目标必定是大明王朝。

朝鲜、大明一衣带水，仅隔着一条鸭绿江，唇亡则齿寒，所以这仗一定要打，"无贻他日疆患"。

那日本本是几个割据的小岛，一代枭雄丰臣秀吉当上了关白（相当于中国古代的丞相）后，辅助日本天皇暂时统一了各方势力。统一后他不想着好好生产，自力更生，就异想天开地想要侵略明朝，掠夺资源。

但要侵占大明王朝，必须先征服朝鲜。于是他开始和朝鲜国王李昖谈判，要求他们让路，帮助自己进攻大明。当时的朝鲜并不是独立国家，而是明朝的属国，国王要向大明皇帝称臣，称明朝为天朝。但凡朝鲜国内国王即位、册立世子，甚至娶亲，都要事先向明朝报备。

李昖是个比较糊涂的人，但关键问题上还把握得住、分得清，严词拒绝了日本使臣。

既然软的不行，那就来硬的，丰臣秀吉随即决定：先攻朝鲜，再占大明！

不日，丰臣秀吉纠集了十五万日军攻打朝鲜，一路势如破竹，一直打到了平壤，把朝鲜国王李昖赶到了鸭绿江边。

当年十一月，经过严密准备，大明各路部队辽东会师，援朝军队组建完成，总兵力四万余人，副兵部尚书宋应昌为经略，辽东铁骑李成梁之子李如松为提督。

十二月二十六日，李如松率领大军，雄赳赳，气昂昂，跨过鸭绿江。

区大相一直密切关注着战事的发展，从小听着父亲抗倭的故事长大，这令他成为一个坚定的主战派。他认为朝鲜作为明朝的属国，日本竟然无视大明而悍然侵略，实为国耻。

是可忍，孰不可忍！

出征之初，区大相认为："从古帝王出师命将，咸有诵言，以壮军容，宣国威，伸同仇之谊，轸于役之劳。"于是作歌道：

> 皇赫怒兮定夷乱，壮士奋兮不遑宴。
>
> 横长戟兮簇劲箭，组甲耀兮星辰焕。
>
> 蹴溟渤兮波涛晏，倚长剑兮扶桑岸，四极奠兮鳌足断。

万历帝大喜，命宫中乐人谱曲送至军中传唱。以后漫长的岁月中，在严寒的东北亚征战的明军，每诵起这词，士气鼓舞，军心大振。

区大相作为翰林院官员，随军出征（相当于随军高级记者），他写下了不少脍炙人口、鼓舞士气的诗篇。如《东征从军行》：

> 朔风吹征裘，边马鸣不止。
>
> 烈士怀古心，拔剑四顾起。
>
> 东方羽檄急，海气昏千里。
>
> 幽并多健儿，吴越多君子。
>
> 共是报恩人，各言雪国耻。
>
> 万骑出渔阳，三军度辽水。
>
> 搴旗山雪高，吹角海波弥。
>
> 朝鲜救兵至，日本夷王死。
>
> 功名何足论，要自酬知己。

又如《兵车何煌煌行》：

> 兵车何煌煌，煌煌去何乡。
>
> 天子今命我，讨彼蛮彝方。
>
> 侧闻日本寇，远涉朝鲜疆。
>
> 招以义不服，敢于逆颜行。
>
> 王赫斯震怒，授钺开明堂。
>
> 带甲十万余，一一尽豪强。
>
> 盔刃既犀利，械器咸精良。
>
> 战胜庙算多，杀伐天威张。
>
> 两翼夹中坚，精锐不可当。
>
> 期门占气候，太一动星芒。
>
> 连营鸭绿左，结阵鸡林傍。
>
> 指顾反侵地，挂弓于扶桑。
>
> 平生怀忠义，意欲吞八荒。
>
> 行行振长策，永令波不扬。

好一个"永令波不扬"，这是全世界人民的心声啊。

万历二十一年（1593）正月初六，李如松率部队到达平壤。经过血战，明军胜利，取得"平壤大捷"。明军随后乘胜追击，日军溃败，退守南方。

形势似乎一片大好，然而明军部队内部的腐败与矛盾却日渐显露。

当时，入朝参战的明军部队主要由"北兵"和"南兵"组成。主力是李如松率领的三万余名骑兵，由李氏家族长期统领的蓟辽、保定、山东诸军组成，号为"北兵"。从南方广东、江浙、四川等地临时征募的近万名步兵，号为"南兵"。李如松的部下如李如柏、李如梅、祖承训、查大受这些人和更多的中下层军官，形成了一个盘根错节的辽东小集团。因此，作为三军提督的李如松，在制订作战计划的时候，要兼顾国家利益和这个小集团的利益。为了小集团的利益，李如松经常安排南兵先攻，北军掩后。就连朝鲜官员都看不下去："提督（李如松）攻城取胜，全用南军，及其论功，北军居上。"

其时游击将军吴惟忠从广东率领三千余名"戚家军"参战。万历十一年（1583），戚继光受到排挤，调任广东，部下吴惟忠等随往。戚继光去世后，吴惟忠成为戚家军的主心骨。此次抗倭之役，因"戚家军"素有经验，自是当仁不让。

在攻打平壤的战役中，吴惟忠奉命攻打最坚固的北城，他奋不顾身，身先士卒，冒着炮火奋勇前进。一颗子弹飞来，击中了他的胸部，"铅子伤胸"，血流如注。但他并没有因此而停下脚步，依然挥舞着军刀，指挥士兵继续冲锋。

城门攻克，只见北兵一个个举着马刀，骑着马气势汹汹地冲过来。干什么呢？割头，割"倭首"邀功。

战后，朝鲜大臣李元翼有记："（南兵）争先阑入，无数以登，开门之后，北兵追后，骑马驰入，但斩死贼之头而已。"

古代打仗，首级和军功是挂钩的，亲手杀死了敌人，首级是最好的证据。这也容易理解，你说你杀了几个人，那得有凭据，人头就是凭据。不然你一张口，说自己杀了多少多少敌人，但上哪里去核实？

在明代，战争之后评定军功的标准，就是人头，向朝廷报战果的时候，都是用首级来计算的，而且事后兵部还要一一核实，多少人头给多少赏钱。

所以在当时，论功行赏全靠所获首级的数量。每次打死敌人，许多明军都要争抢人头——那就是钱啊！有时候抢得厉害，甚至连冲锋的人都没了。

名将戚继光深谙其中之弊，所以严令约束。

"今后其长牌、长枪、狼筅，凡该当先，长兵之数决不许带解首刀，只管当先杀去，不许立定顾恋首级。其杀倒之贼，许各队短兵砍首，每一颗只许一人就提在阵后，待杀完收兵，有令催验，方许离阵赴验。"

戚家军纪律严明，不敢乱割倭首，李如松的部下可不管那么多，反正割了再说。

部队整装待发，李如松骑在高头大马上，身边簇拥着他的亲信。

一个说："提督此战，必所向披靡，攻无不克。"

一个说："那是当然，我辽东铁骑，倭贼自是闻之丧胆。"

人群之中发出一声冷笑，"主帅不仁不信不义不智，何胜之有?!"

李如松不悦，抬头望住一位中年书生："哦，原来是区翰林。大军出发在即，你何出此言？如不给我说道清楚，小心军法从事！"

说到最后，已是赤裸裸的威吓语气。

区大相上前一步，侃侃而言："平壤之战，提督大人一大早让南兵去攻城，连早饭都来不及吃，让他们饿着肚子打仗。此乃不仁。围城之际，提督大人喊道'先登城者赏银三百两'。结果南兵奋勇杀敌，登城入围。可是银子呢？此乃不信。攻城之时，提督大人纵容部下，擅割倭首冒功。此乃不义。如今提督大人轻敌冒进，若是出了什么差池，大军便会军心动摇。此乃不智。"

听完区大相这四条不仁不信不义不智的解释，周围将官脸都绿了。

李如松听后顿感不自在，脸上一阵红一阵白，但又不知道怎么反驳，马鞭指着大相，恨恨道："好，好，区大相，我记住你！"

大相微微一笑，道："是旦。"

李如松恼羞成怒，举鞭欲抽："你小子骂人。"

吴惟忠怕事情闹大，连忙策马上前，拦在两人中间，劝道："将军有所不知，这'是旦'是广东话，就是'随便'的意思。"

"哼！"李如松气急败坏地一挥鞭，吼道，"出发！"

结果正如大相所言，李如松冒险轻进，碧蹄馆之役大败。

南北兵派系之争，是明军攻击无力的原因之一。"去年小挫由忌功，今年大衄缘轻纵。"大相谴责明军内部派系矛盾冲突，无法形成统一的战斗力，而最终受害的还是下层官兵。区大相同情人民和士兵的苦难，对朝廷的腐败、将领的无能充满了愤恨。

> 东方血光明组练，中路官军殊死战。
>
> 马兵先溃步兵乱，四五十里横尸遍。
>
> 将领几人虽幸免，尔纵生还有何面。
>
> 吾闻定远昔策勋，三十六人横塞云。
>
> 岂有十万貔貅士，不能一剪鲸鲵群。
>
> 成功必更需名将，失道宜先斩败军。

哀南兵痛斥提督

自万历二十年十二月明军入朝起，大半年时间，倭军的战斗力遭到致命打击，疲惫交加，斗志全无。而明军的情况也好不了多少，数万大军匆促入朝，准备不足，粮草不济。"海阔刍粮不易渡，五钟一石劳传送。横征颇虑空杼轴，转输未免妨耕种。"区大相已察觉到战场远悬国外，长途运输不易，后勤不继以致明军攻击无力，拖延了战争。

同时，由于朝军几乎是一盘散沙，许多地方都要依靠明军防守，战线拉得太长，兵力严重不足，想把倭军彻底消灭，几乎是不可能的。

到了这种境地，谈判，是唯一的选择。

万历二十一年七月，倭军两万余人盘踞在蔚山、东莱、釜山等沿海地域，明军留下一万五千余人，帮助朝鲜镇守各军事要地，其余部队撤回国内。大相也随之回国。

"倭乃结营釜山，为久留计。时兵部尚书石星力主封贡，议撤兵，独留刘綎拒守。"

有人的地方就有战争。虽然抗倭援朝暂告一段落，但南北兵之争却愈演愈烈，最终酿成"石门寨惨案"——南军被屠。本是同根生，相煎何太急！已回国内的区大相得知消息，痛心疾首，极为愤怒地作诗予以揭露和声讨。

> 石门啾啾鬼夜哭，北将诈诱南兵缚。
> 可怜枉死三千人，更有平人被屠戮。
> 忆昔平壤破倭奴，此辈赴难曾捐躯。
> 有功谁分不蒙赏，无罪因何反见诛。
> 本为勤王诬以反，阳言赏给屠俱尽。

皇天闷闷旌旆愁，白日瞆瞆风沙愤。

从来杀降受恶名，况以私憾杀我兵。

无人肯向朝廷说，至今道路犹吞声。

谁其为谋石与李，尔曹安得逃天刑。

从"枉死三千人"来看，应该是北军对南军赤裸裸的屠杀，触目惊心。平壤战役中所幸未曾捐躯的南军，却被枉杀且被扣上谋反罪名，何其冤哉痛哉！但由于李如松的所谓军功，早已与其他官僚结成了利益共同体，就算被人揭发，往往是"阁部共为蒙蔽，督抚、监司稍忤意，辄排去之，不得举其法"。但是区大相却认定：提督李如松就是杀害南军的罪魁祸首，兵部尚书石星则是庇护者和纵容者，他俩就是凶手！

"谁其为谋石与李，尔曹安得逃天刑！"

在权臣当道、小人得志的凶险政情下，区大相疾恶如仇、刚直敢言，对他们提出深深的控诉。

可以说，区大相的抨击言辞是相当尖锐的，这在当时要冒很大风险，但这也恰恰反映了他耿直、忠诚的高贵品质。

所谓"多行不义必自毙"，不久之后，李如松"轻骑远出，中伏而死"。不知是人祸还是天意，真相湮没于历史的尘埃里。

至于石星，万历帝送给了他这样一道圣旨："欺君误国，已至今日，好生可恶不忠，着锦衣卫拿去，法司从重拟罪来说！"石星被逮捕入狱，几个月后死掉了，家眷被发配边疆。

万历二十六年八月，丰臣秀吉病死，他吞并大明和朝鲜的野心也随之逝去。

历时七年的抗倭援朝战争，最终以明军的彻底胜利，倭军的彻底失败而告终。

历史将永远铭记：四百多年前，有这么一群中国人，为了遏制某些人的贪欲，离开故园，远赴他乡，进行了一场伟大的正义之战。在这场惊心动魄的战争中，他们之中的许多人，为此献出了宝贵的生命。

在如今韩国庆尚南道泗川的"朝明军冢"里，静眠着三万六千名朝明将士的英灵。军冢前立有高四米的黑色大理石碑，正面刻有"朝明联合军战殁慰灵碑"十个汉字，碑的后面是《战殁慰灵碑文》，碑文写道："遥远异域土地上，不归的恨客——那些明代盟邦民的深厚战友爱。"

中朝友谊，向来都是鲜血凝聚。

蠲愤

贫贱难久居，勋业惧晚成。

老骥志千里，达士感河清。

翩翩当衢客，青云耀冠缨。

如何穷愁子，终岁忧患婴。

拔剑欲出门，我剑悲且鸣。

长路脂吾车，路险车轴倾。

惊飙号垄树，穷猿多哀声。

寒江日夜逝，焉知游子情。

在贱常思贵，处约常愿盈。

人理苟如此，天运安得平。

沉晦非我致，俟命何所营。

老骥：指年老的骏马，多喻年老而壮志犹存之士。三国曹操有诗：“老骥伏枥，志在千里。”

达士：指见识高超、不同于流俗的人。唐杜甫诗：“达士如弦直，小人似钩曲。”

当衢：正对着大路。唐白居易诗："诏借当衢宅，恩容上殿车。"

青云：喻远大的抱负和志向。明徐渭诗："未逢黄石书谁授，不坠青云志自强。"

冠缨：指仕宦。唐李白诗："流血涂野草，豺狼尽冠缨。"

惊飙：突发的暴风。清纪昀诗："惊飙相戒避三泉，人马轻如一叶旋。"

处约：生活在穷困之中。《论语·里仁》："子曰：不仁者，不可以久处约。"

沉晦：沉晦自匿，隐而不露。

俟命：听天由命。《礼记·中庸》："上不怨天，下不尤人，故君子居易以俟命，小人行险以侥幸。"

作为士子，读书考取功名的主要目的就是当官，成就自己的远大志向，同时摆脱困苦的生活，脱离社会底层。虽然说烈士暮年仍能奋起成就一番事业，贤明的人也甘于贫贱，但事实上，人们在贫贱之时难以长时间安稳地生活，更会害怕自己年纪大后难以成就功业。那些终年为生计奔波，甚至被逼无奈只能铤而走险之人，永远不能和年轻之时即功成名就之人相比。因此，在困苦之时人们常渴望能富足，地位低下之时希望能位高权重。但是，如果天道的运行都能满足所有人的欲望，那还有什么公平可言呢？

要知道，生活的波折不是自己所能左右的，所以还是消消气，不要总抱怨天道不公，还是听天由命吧。

区大相这首五言诗，名为"蠲愤"，就是劝自己别再愤怒了。

从火热的朝鲜战场回到安静的翰林院，区大相的心态有些变化。

外面的世界很精彩，外面的世界很无奈！十年磨剑，有心报国，却无力回天，他只能开导自己看开点儿。

三年的庶吉士培训结束，区大相授任检讨，从七品，位次编修（编修是正七品），日常工作是修注国史和经筵侍讲，即为皇帝或皇子讲解经籍等。同时还掌制诰，也就是负责草拟皇榜诏令。

制诰这种行政公文，作为"王言之制"，可不是谁都能写的，它代行王言，令行四方，不但要求骈散结合，文辞流畅，而且需要适用皇家气度，合乎礼制，宜乎场合。历代掌制诰者，都是皇帝的亲信顾问之臣，"以为天子私人，时人荣之"。

明代的翰林学士或内阁学士兼此职，因为负责制诰，地位尊贵。所以区大相从七品的检讨官，看上去无足轻重，也不起眼，但事实绝非如此。虽然官阶不高，但因为"掌制诰"，直接为皇帝服务，那可是相当显赫，因此区大相也就成为朝中大臣青睐的对象。

但他却是很不"识相"。

比如内阁首辅赵志皋，与区大相是老相识了，早在广东时就认识，"以古文词受知"。但到了京城，大相却"引避不轻谒"，公事公办，不攀扯私事。

赵志皋，隆庆二年进士第三，即探花，授编修。万历初年，进侍读。后因与张位等人冒犯了张居正，出任广东副使。张居正死后升任解州同知，后改任南京太仆丞，历任国子监司业、祭酒，再升任吏部右侍郎、吏部左侍郎。万历十九年（1591）秋，由申时行举荐，升为礼部尚书兼东阁大学士，与张位一同进入内阁。万历二十年至二十一年、万历二十二年至二十九年两次出任首辅。

一日，宫门拐角处，区大相与赵首辅不期而遇。区大相低着头装作没看见，谁知赵首辅却主动停下来，很热情地打招呼："区翰林，好久没见，你写的《进朝鲜》《东征诗》真是好，皇上很喜欢呢，前几天还和老臣一起诵读来着。"

　　对于朝鲜战争，赵首辅是主和派。"初，日本封贡议起，石星力主之。志皋亦冀无事，相与应和。"故区翰林对他有些心存芥蒂。

　　大相淡淡地说："首辅大人过奖了。"

　　赵首辅又道："对了，昨天有人从广东捎来几篓荔枝，还挺新鲜，你下朝后去我家拿一些回去吃。"

　　大相拱手道："多谢首辅大人美意。我这几日上火，吃不得。"

　　赵首辅道："你吃不得，孩子们可以吃嘛；这样吧，等下朝后我着人送一些到你府上去。"

　　大相连忙摆手道："不不不，孩子们也上火，不能吃；我还有事走先了。"

　　赵首辅望着区大相远去的背影，无奈地摇了摇头。

　　这天下朝，区大相在市场转悠了很久，终于让孩子们晚上吃到了荔枝。

　　明代内阁一般有五六个人，首辅、次辅、次次辅之间的争斗倾轧，朝野皆知。区大相不愿卷入这些是非中，不想为个人的私利而与这些权贵交往。"耻学繁华子，争妍桃李尘"的性格，决定了他洁身自好，爱惜自己的羽毛。特别是经历了朝鲜之役，他更加看清了官场的残酷与虚伪，不免有些心灰意冷。

　　区大相这样描写自己的状态。

　　　　夜宿芸香阁，朝游竹素园。

花枝连苑密，莺语隔林喧。

对酒开新帙，看云过别轩。

仙情自有适，何必访桃源。

芸香阁：官署名，此处指翰林国史院。唐孟浩然诗："正字芸香阁，幽人竹素园。"

竹素园：形容典籍丰富。竹素犹竹帛，皆乃古人所用书之者，多指史册、书籍。晋张协诗："游思竹素园，寄辞翰墨林。"

新帙：新书。帙为书画外面包着的套子，一套书叫作一帙。

晚上在香气缭绕的芸香阁里休息，白天去典籍丰富的竹素园里办公。亭榭轩馆点缀在翠绿的林木和繁茂的花树之间，我在这鸟语花香之中一边喝着美酒一边翻阅一本新的卷册，偶尔抬起头来，看见白云悠悠飘过。这种怡然自得的生活如同仙境，就算是传说中的桃花源也不过如此吧。

"歌钟正高会，默默守玄理。"咱就躲进小楼成一统吧，管他春夏与秋冬。

在明代，一般进了翰林院，只要不犯什么严重的政治错误，几年之后，运气好的话就能分配到中央各部熬资格，有才的入阁当大学士，没才的也能混个侍郎、郎中。就算运气不好，派到了地方，官也升迁得极快，十几年下来，做个地方大员也不难。但凡机灵点的，都到处找"后台"与"靠山"，为自己锦绣前程做好准备。

但区大相巍然不动心，谁拉都不理。你做你的首辅，我当我的编修，丝毫也不为自己将来的仕途筹划。

时人评价区大相"生平耻于谒"，意思是他认为拉关系是件羞耻的事情。他和那些权倾一时的内阁大学士尽量保持正常的工作关系，不仅不愿攀附权贵，而且不接受他们抛来的橄榄枝，最终因"违众孤标，同官侧目"，被官场孤立和忌恨，失去晋升实权官职的机会。所以区大相尽管在朝中任职十多年，但始终没有出任过任何有实权的职位，一直当着类似于办公室文秘的角色。

后人感叹道："先生抱公辅之才，又备圭璋之德，惜以高才见忌，未究大用也。""夫以先生超绝之品，鼎铉之器，未登台司之位，岂道大而莫容，抑天全而物忌？"

很显然，区大相高洁的个性使他不愿趋炎附势，也不愿与权贵们同流合污，这导致了他虽身居朝中的核心权力区，但始终仕途失意。

或许，正是做官的黯然成就了区大相诗坛的显赫呢。诚如他自己所说："道穷言始立，身困教乃垂。"后人这样评价其诗："明三百年岭南诗之美者，海目（大相号）为最。"

"世之言诗者知吾粤，言粤诗者知区氏焉。"

"其诗特盛，盖家能诵，人能说矣。"

使淮藩

为稳固统治，明王朝对宗室成员实行分封制。自洪武九年（1376）开始，朱元璋将诸皇子分封于各地。据统计，明代（1368—1644）曾有王号的皇子共计85位，有封地藩国的亲王共计54位。

明代每年都要举行例行的册封藩属活动，即将那些善于撰文、习于词翰的侍从之臣，如翰林之类分派到各地去采风，由他们考察当地人文风俗并记载下来，以备档案。

册封制度的历史十分悠久，早在殷商时期就已经产生，直至清朝末期，历朝历代一直沿袭着这项制度和相应的仪式。在帝王向诸王、大臣、后妃等授予爵位、封号时，都要经过一定的仪式，由帝王选派的官员面对受封者，宣读册文。待册封仪式结束后，便将册书与印玺一同交给受封者，作为其受封的凭证和信物，永久保存。

区大相在《前使集小序》中说："国家岁遣使臣，分册藩邸，至盛典也。遣必词臣半之，夫非词臣练习典章，达于礼而娴于词，所至询问风俗、图绘山川与其道里险阻扼塞，载之轺轩，可为异日记载之资乎？"

词臣是指为皇帝充当顾问博学多识之文学侍从之臣，如翰林院、内阁中的诸学士、大学士等。在册封活动中，词臣要占大多数，这不仅仅是由于他们熟悉国家典章，通达各种礼仪，更重要的是他们文字功底好，因为册封过程中，还有一项主要的任务，就是记录风俗、绘制山川图形及险阻扼塞等作档案资料。

这实际上是一次人文风俗、山川地貌的实地考察活动，同时对于京官来说，也是一次捞油水赚外快的快乐之旅。时人有记："故事出使藩邸多馈遗。"即按照惯例，藩邸会送给使者好多东西的。毕竟是京官，皇帝近臣，自然要多多巴结。所以对于这一好差使，还是需要一定的人脉关系才能得到的。

虽然区翰林不怎么理会赵首辅，但赵首辅也没怎么为难他，还是让区大相得了这肥差。

要不人家能做宰相呢，宰相肚里能撑船嘛。

万历二十三年（1595）五月，区大相奉命出使淮藩。

"而予得淮藩，捧世子封册，是在江湖间，以五月六日发潞水，出天津，溯清逾济，以达于徐，浮于淮。"区大相出使淮藩，经过了包括今北京、河北、天津、山东、江苏、浙江、安徽、江西、湖南、广东等地。直到第二年二月，才从广州返京，又经过江西、湖北、河南、河北等地。

其时天灾，东南沿海连日大雨，漕河发了大水。

漕河就是京杭大运河。

京杭大运河是世界上里程最长、工程最大的古代运河，与长城、坎儿井一起被称为中国古代的三项"伟大工程"。它本是春秋时吴国为伐齐国而开凿的，隋朝大幅扩修并贯通至都城洛阳且连涿郡，元朝翻修时弃洛阳而取直至北京。明成祖朱棣迁都北京后，为了满足皇家生活起居的需要，必然要将全国各地的物资集结运送到北京。起初南方的各种物资借助于海运航道运送，但是海运要求的技术难度较高，气候等不稳定因素比较多，再加上东南边境沿海屡屡遭遇倭寇的侵扰，所以朝廷停用了海运，转而借助于古已有之，并且处于内陆的漕河（京杭大运河）运送物资。经过修缮后的漕河南起余杭（今杭州），北到涿州（今北京和河北涿州），途经今浙江、江苏、山东、河北四省及天津、北京两市，成为贯通中国南北的大动脉。

因为漕河贯通海河、黄河、淮河、长江、钱塘江五大水系，所以遇到某一区域连续降雨，就很容易引起内涝。

从万历二十三年四月初开始，淮河流域大雨倾注，河流漫溢，洪涝灾害异常严重，流域内各支流、干流地区一百多个州县受灾。许多府志都记载下当地当时的惨状："平地水深丈余""舟行树梢，人栖于木""雨若悬盆，鱼游城关""凡人物房屋冲陷殆尽，无麦无秋禾""淮水决高堰，没田庐人畜，死人无算""徐州至扬州间，方数千里，滔天大水，庐舍禾稼荡然无遗"。

大雨淫潦，十室九空。看到大洪水造成的灾难，区大相痛心疾首，食不下咽。他记下沿途的民生，记下百姓的困顿。

> 问俗至淮阴，怆然伤怀抱。
> 白鸟去冥冥，黄流日浩浩。
> 岸西清河县，半已没洪潦。
> 门巷类浮家，人烟淡洲岛。
> 新水昨夜至，孤城势如捣。
> 雨飒颓墙花，风吹野田草。

粳稻岁不登，妻孥何由饱。

不如水上凫，犹得唼萍藻。

嗟尔河县民，何以待终老。

老父跪致辞，使君勿复道。

丘民何足贵，仁亲乃为宝。

东吊淮泗流，陵树被淹槁。

自从禹功微，明德畴能考。

浮家：语出成语"浮家泛宅"，原是形容以船为家，在水上生活，漂泊不定。此处指大水中的房屋如同浮家泛宅。

粳稻：稻的一种，茎秆较矮，不易倒伏，谷粒短而粗，米质黏性强。亦泛指水稻等农作物。

不登："五谷丰登"之反义，即歉收。宋苏轼诗："颍川七不登，野气长苍莽。"

妻孥：妻子和儿女。唐杜甫诗："妻孥怪我在，惊定还拭泪。"

水上凫：水面的野鸭。

老父：对老人的尊称。

使君：奉命出使的人，或对人的尊称。

丘民：泛指百姓。《孟子·尽心下》："民为贵，社稷次之，君为轻。是故得乎丘民而为天子。"

淮泗：淮河下游第一大支流。

陵树：植于陵园的树木。

禹功：夏禹治水的功绩。清戴名世诗："践土而思禹功，食粟而思稷德。"

明德：光明之德，才德兼备的人。

奉使淮藩，询问民风习俗，看到百姓遭遇洪水的惨象，让人悲痛不已。只见清河县约有一半地区被洪水淹没，土黄色的洪水浩浩荡荡，一片渺茫，只有几只白色的鸟儿偶尔掠过水面。人家的房屋都仿佛浮家泛宅，清河县城就像一座孤岛，在风雨中飘摇。瓢泼碗倒的大雨继续下着，倒塌的墙垣上，几朵黄花被击打得粉碎，田野里，几株横七竖八的野草在水里摇晃。庄稼？早已被冲得了无踪影。

唉，水里的野鸭子还可以吃几口浮萍水藻果腹，你们这些河边的百姓，可怎么生活啊？听到我的叹息，一位老人家宽慰我道："大人您就别为我们担心了，我们小老百姓何足挂齿啊。"唉，老人家啊，要知道，做官为民，对老百姓的仁爱和亲情才是为官者最珍贵的财富啊。向东望去，淮河第一大支流泗水河洪水横流，皇陵的树木也被水淹死了，一片枯槁。什么时候上天能出现一位才德兼备的人，来建立大禹治水的功绩，让百姓可以安居乐业啊。

小老百姓的事不值一提，但皇上大人家的事可是举足轻重啊。

可不凑巧，朱家的祖陵，就在盱眙县洪泽湖西岸，眼看大明龙脉就要被淹了。

"是时漕梗河溢，河将夺淮为祖陵患。"

明祖陵是太祖朱元璋的高祖、曾祖、祖父的衣冠冢及其祖父的实际葬地。朱元璋一统天下后，在洪泽湖畔追封祖先，明人以为龙脉。

其时，黄河、淮河先后决口，黄河决于山东单县黄固口，淮河决于洪泽湖东岸高家埝之高良润、团家桥等二十二口，水漫山腰，奔腾澎湃，人畜随水而下。

保卫皇陵可是天大的事，地方官员们紧急行动起来，商议了一天又一天。

因为是京城来的官儿，区大相也有幸列席——地方官员还期望使君大人能向皇上报告他们尽心尽力保卫皇陵的功绩呢。

一个官员道："这河北地势高爽，如果把皇陵迁至河北，就不怕淹了。"

另一个官员呵斥道："迁陵就是动龙脉，你不怕杀头?!"

吓得提议迁陵的那个官员脸色发白，连忙噤声。

然后大家就是喝茶，边喝边骂老天爷，为啥下这么多雨。

一个官员放下茶碗，说道："在下倒有个主意。洪泽湖东岸已决了好几个口子，依现在这雨的下法，难保西岸不决口。我看不如干脆在周家桥扒个口子，引淮而南，以泄泗州之水。"

有官员附和道："对，这主意不错，淮南没咋下雨，那就给他们送点水过去，哈哈。"

区大相一直沉默着，冷冷地听着他们交谈，当听到这个官员竟然说出这样的混账话，再也忍无可忍。他问道："保护皇家祖陵固然重要，然而在周家桥扒口泄洪——请问，把淮南的老百姓淹了怎么办?"

这官员耸耸肩一摊手，道："老百姓嘛……这是天灾，也是没办法的事。"

大相怒极而笑，他愤然道："虽曰天灾，何尝不是人祸?!"

一个官员劝道："使君大人消消气，他这不也是着急护卫皇陵嘛。"

大相语重心长道："治国有常，而利民为本。民为贵，君为轻，自古得百姓者得天下啊。"

另一个官员拱手道："吾皇在上，祖陵乃吾大明龙脉之所在，护陵即卫大明。看来扒口泄洪护卫龙脉，势在必行啊。"

大相慨然道："防敌则曰边防，防河则曰堤防。边防者，防敌之内入也；堤防者，防水之外也。今筑堤犹不及，未闻自掘堤防者!"

甩袖离去，大相来到了河堤。

雨，仍在下。

除了雨，还是雨。

河堤上，里长正带领着百姓们堵决口，流离失所的人们躲在几棵孤零零的树下，无依无靠。

大相挽起袖子，一边给一位老人家搭手抬着门板，一边问道："这河堤是什么时候修固的？怎么一下子决了这么多口啊。"

老人擦去脸上的不知是雨水还是汗水，答道："呵呵，反正老汉我在这河边住了快六十年，只见过修固了三回。最近一回应该是十年前吧，那年我小儿子刚娶媳妇呢。"

大相奇怪道："不可能吧，上面每年的堤防经费都在增加啊，地方官员每年都上报有修固啊。"

老人呵呵一笑，道："这个老汉我就不知道了，要去问那些官老爷。"

大相和老汉把门板安置在决口处，水势太大，根本起不了什么作用。

大相仰面望着天上无尽的雨水，喃喃道：

> 堤防年倍费，薪竹岁论功。
>
> 巨浸连天阔，横流出地洪。
>
> 怀襄无过此，谁为达宸聪。

叹民生食不下咽

洪水汹涌，堤防失修，百姓失所，这么大的灾难，皇上您可知道呢？

这时一个家仆模样的人匆匆跑过来，见到大相就叫道："哎呀，使君大人，可让我好找。我跑去府衙，他们说您来河堤了。看您浑身都淋湿了，快随我回王府，我家王爷正设宴给您洗尘呢。"

那位老汉惊异得张大嘴合不拢，敢情刚才和自己一起干活的人是王爷的贵宾呢。

和愁云惨淡的外面世界不同，淮王府内一片祥和，蓬莱清隐、绿竹猗猗、芸香境、香雪窝诸胜点缀其间，仿如仙境。

大红灯笼高挂着，透出温暖的光，似乎天上的雨水也变得柔和许多，充满诗意。

正如董其昌《送区海目太史封藩诗》所言："欲知词客贵，设醴遍王家。"

区大相吃了今生最好的菜，喝了今生最好的酒，但他却吃不出菜的滋味，品不出酒的美味。

船向南行，大相立在船头，触目田野一片疮痍，不由叹道：

无盐犹自可，无禾当奈何。

淮南百万口，泪尽绿淮波。

河堤上，一位老汉跂脚远望，船渐行渐远，在他的脚边，堆放着一大堆淮王府的"土特产"。

"真是个好官。"老汉喃喃着。

省
亲

　　处理完册藩事宜，区大相离开淮安府，一路向南，归心似箭。

　　当时有个不成文的规定，即外出公干的官员，可以顺路回家探亲。

　　"使臣衔命，得便道过家，毕，使即行。"

　　八年后的金秋时节，区大相终于回到他魂牵梦绕的故乡。

　　"是秋九月，抵家。省先人庐舍，谒坟墓。"

　　站在父亲坟前，想着父亲惠政为民，抗倭御敌，劳苦功高，最终却落得个因小人谗言而被罢官的下场，至今沉冤未雪，大相百感交集。

> 久宦抛庐舍，衔恩展墓田。
>
> 岁时违洒拂，霜露几凄然。
>
> 马踏残秋草，乌啼古树烟。
>
> 孤忠犹未白，何敢报重泉。

　　衔恩：受恩；感恩。唐李白《塞下曲》："横戈从百战，直为衔

省亲 | 153

恩甚。"

残秋：秋天将尽的时节。唐权德舆《舟行夜泊》："萧萧落叶送残秋，寂寞寒波急暝流。"

孤忠：忠贞自持，不求人体察的节操。宋曾巩《韩魏公挽歌词》："覆冒荒遐知大度，委蛇艰急见孤忠。"

重泉：九泉，亡者之所归。此处指过世的老父亲。

抛家离舍，长年在外做官，如今蒙受皇恩得以回家省亲。来到父亲墓前，心情沉痛。秋日的残阳笼罩着烟雾缭绕的古树林，不知名字的小鸟怆然鸣叫，那么的凄凉。

父亲您四次出任府、县长官，为百姓办了那多好事，清廉正直，却因不肯迎合上级而遭罢官。身为人子，到如今我也无法为您洗刷冤屈，我真是个无用的罪人啊。

"树欲静而风不止，子欲养而亲不待。"未能于您健在时多加侍奉，让人哀伤。而现在，因为我长期宦游在外，又不能经常来您墓前打扫祭拜。

儿子我真是不孝啊，九泉之下，我如何有面目见您老人家啊。

"六弟不必伤感，父亲会明白的。"大枢扶起哀恸的大相。

大相紧紧地握着大枢的手，无语凝咽，泪眼婆娑。

"回家吃饭吧——不巧今年家乡闹饥荒，没啥好饭菜，比不得你们京城。"大枢开玩笑地说。

大相抽抽鼻息，轻声道："我行李里还有些费用，回头你拿了去买些粮食，分给乡里有需要的人家。"

大枢说："好。"

时人有记："会岁大饥，（大相）倾囊得余赀买谷，以赡宗族乡党州闾。"

岁月沧桑，八年的时间，不少亲友邻居都过世了，令人唏嘘。

> 八载去乡国，今晨始得归。
>
> 捷步入外闾，慷慨登中闺。
>
> 既旷家园聚，转念骨肉稀。
>
> 忆我骨肉亲，泪下如绠縻。
>
> 宗族少前辈，邻里半成非。
>
> 一出已如此，再出安可期。
>
> 驱车问丘垄，松柏十数围。
>
> 兔走思旧穴，鸟还栖故枝。
>
> 他乡勿久滞，书此报京畿。

外闾：里巷的大门。

中闺：内室。谢惠连诗："夕阴结空幕，霄月皓中闺。"

旷：本意指光明、明朗，此处指心情开朗。

骨肉：比喻至亲，父母兄弟子女等亲人。

绠縻：雨水泻注貌。

围：量词。两只手的拇指和食指合拢起来的长度，或两只胳膊合拢起来的长度为一围。

八年前我离开家乡去外面宦游，今天早晨才得以归来。回到思念已久的故乡，心情大好，我脚步轻快地走进大门，兴冲冲地冲进内室。亲友相聚，欢畅无比。但转眼一看，有些亲戚邻居怎么不见了呢？一问之下，原来已经故去了。物是人非，不由得让人泪如雨下。门前的那棵松柏树，我离家之时还只有手臂粗细，现在已是十数围了，时间过得真快啊。树犹如此，人何以堪？兔子和鸟儿尚且留恋旧时的栖居之处，何况人呢。奉劝在外的游子啊，勿在他乡滞留太久，要常回家看看。

吃过饭，听说在京城做大官的大相回来了，陆续又有一些乡人来探望。大家围坐闲话，其乐融融。

> 祗役在淮都，事已返旧疆。
> 旧疆八千里，乡路杳何长。
> 清晨至里门，车徒不敢张。
> 邻里闻我至，老稚走相望。
> 亲族闻我至，斗酒各自将。
> 劳慰未云毕，仓卒叙炎凉。
> 问我何官爵，谬登著作郎。
> 问我何职业，石渠典秘藏。
> 问我何所就，低首不能昂。
> 去家事明主，遭世本虞唐。
> 出入金闺里，昕夕铜龙傍。
> 优游文墨职，咫尺独靡遑。
> 兹辰承嘉命，持节还故乡。
> 故乡多密亲，谁存复谁亡。
> 存者咸会斯，亡已归山冈。
> 寄言宦游子，故乡安可忘。

祗役：奉命任职。此处指区大相奉命使淮藩册封之礼。

旧疆：家乡。

里门：同里的门，古代同一里的人家聚居一处，设有里门。

车徒：指车马和仆从。

炎凉：冷热，喻人情势利。南朝梁简文帝诗："含涕坐度日，俄顷变炎凉。"

谬登：错误地登上，自谦之词，亦指无才德而升迁。

著作郎：官名。后汉始置，属中书省，为编修国史之任。

石渠：即石渠阁，西汉皇室藏书之处。这里代指大相的工作是掌管国家的文章典籍。

虞唐：贤明的君主。指上古人民康乐、政治清明的理想时代。

金闺：指金马门，亦代指朝廷。

昕夕：朝暮，谓终日。

铜龙：铜制的龙形器物，此处指笔架、笔套之类文具。

靡遑：不忙，悠闲自得。

嘉命：朝廷授官赐爵的敕命。

持节：古代使臣奉命出行，必执符节以为凭证。

宦游子：出外做官或求官的人。唐白居易诗："不如守贫贱，贫贱可久长。传语宦游子，且来归故乡。"

听说我回来了，老人家拉着小孩子们都过来看望。亲人们携带着久藏的陈酿，劝我喝了一杯又一杯，真是酒不醉人人自醉啊。这个问，你在京城做啥官啊？我谦虚地说，不过是个抄抄写写的。那个问，那是啥职业啊？我客气说，就是掌管皇家的文章典籍罢了。这个说，那牛啊。那个说，这不得了啊。听得我脸都红了，不好意思地低下头。

一切都是那么的温馨，感受着浓浓的乡情和亲情，大相感慨万千。

这次省亲结束回到京城，不知又要多久才能再返回家乡，世事变迁，不知道到那时又将是怎样的情形呢？

浪迹在外的游子啊，可千万不要忘记了自己的故乡。

在诗中，大相描述了自己阔别八年之后，回到家乡的激动心情以及与亲友久别重逢的欣喜，娓娓道来如话家常，真情挚感如跃纸上。

欢乐的时光总是过得太快，再美好的相聚也有分别的时候。几个月后，大相依依不舍，踏上赴京之路。

> 别溪多年今又去，溪水留君君不驻。
> 耀耀干旄村里出，填填车马溪前度。
> 老稚牵衣劝莫行，溪田数亩好春耕。
> 回看社外桑榆景，转念溪边花鸟情。
> 行人不语步迟迟，富贵逼人诚有之。
> 殷勤为扫溪头石，待我功成理钓丝。

离开家乡多年了，短暂的相聚后又要离开了。村口的旌旗随风飘荡，我的马车缓缓而行，我是多么不想走啊，看那村旁的溪水潺潺，仿佛也在挽留我。孩子们拉着我的衣服不让我走，老人家劝道："你看咱们家乡山清水秀多好啊，干脆别走了，溪边还有几亩好田，就在家里种种田，看看花，岂不美哉？"

唉，亲人呐，我又何尝不想留下来，但人在仕途，身不由己啊。

这样吧，阮溪边那块我经常去钓鱼的大石头，麻烦诸位帮我看护好，待我几时功成名就了，就回来溪头作钓翁吧。

刚回到家，好友焦竑、董其昌、包汝钝等便找上门来。

区大相没在京城的这段时间，宫里出了大事。

不知为何，就是邪乎，皇宫里一连发生几次火灾。

"时两宫灾，三殿又灾。"

皇帝的房子烧了，自然要修啊。谁出钱？当然是国家啊。

可是国库没钱，因为前几年打仗把钱花光了。

"承宁夏、朝鲜用兵之后，国用大匮；营建两宫，计臣束手。"

大臣们没办法，万历帝就自己想办法。万历帝虽然懒政，但是人倒是很聪明的。他早就发现，国家除了从农田上征税，还有另外一个财源，就是各地的采矿场。

本来采矿在明代是官府垄断的行业，但到了明代中叶之后，矿禁逐渐松动，民间有不少私人的采矿产业。当时商品经济发展，许多地区的手工业经济都非常繁荣，历史书上称为资本主义萌芽。

于是，万历帝就打起了矿税的主意。

明代的税收由户部主持，主要是农业税，收归国库。但聪明的皇帝又另外设立了一个专门的征税系统，即由他亲自指派的宦官来负责，称为"某地某税提督太监"，老百姓戏称他们为：矿监、税监、盐监、珠监等。

太监，的确太能监，无所不监。

这些个矿监、税使不管其他地方事务，只管税收，全部收入归内库，即皇帝的小金库。他们的顶头上司只有一个人，也只对一个人负责，那就是皇帝。与地方的官府衙门相比，他们只看重眼前利益，哪管百姓的死活，所以他们所采取的手段往往是杀鸡取卵式的。

他们的政绩仅仅体现在税收的最大化上，以数字说话。于是乎，他们以"搜刮天下之民脂民膏为己任"，一个个披着权力的虎皮深入地方，"口衔天宪，手握皇纲"，表面看来是在替皇帝收钱，实际上干得更多的却是敛私财的勾当。

官员们屡屡上疏弹劾，但万历帝始终充耳不闻。据记载，在不到五年的时间里，各路矿监、税使向朝廷内库供奉银两高达三百万两之巨。看着从下面滚滚而来的真金白银，万历帝自然十分满意。"让你们给朕修个房子老是说没钱，看朕派到地方的宦官多得力，为国为朕谋福祉的能力丝毫不逊于那些地方官员，哪容得你们说三道四啊。"

面对宦官的作恶多端，包汝钝自然要向皇上提意见，因为他的职位是户科的都给事中。给事中这个岗位的责任就是专门"检举""监督""挑刺"，相当于现在财政部的"纪检组长"。

给事中，正七品，掌侍从、谏诤、补阙、拾遗、审核，驳正百司所上奏章，监察六部诸司，弹劾百官，与御史互为补充。官品虽不高，但是权力很大，可谓品卑而权重。明代就是用这种低品级的监察官员（一般都比较年轻气盛，初生牛犊不怕虎），来监督高级官员。

包给事中这人可不简单，他名见捷，字汝钝，号太瀛，云南建水人，出身书香门第。其父包万化博学多才，藏书数千卷。包汝钝自幼聪慧，八岁时临安知府钱邦称曾试以七言诗，包汝钝"应声而对"，"钱公大奇之"。其父见孺子可教，遂在城南马鞍山建学舍一间，题名"五云斋"，让包汝钝远避府城喧嚣，专心攻读。明万历七年（1579）己卯科乡试，中举；万历十七年（1589）己丑科殿试，中第二甲第二十二名进士，授翰林院庶吉士。

在翰林院时，包汝钝与焦竑、董其昌、区大相等结为挚友，朝夕切磋学问，针砭时弊，引为知己。包汝钝"馆中试课，与诸公竞爽"，识者谓："是当留为史官无疑。"大家都认为他毕业之后，一定会留在翰林院做史官。然而，后来出乎所有人意料，竟出为礼科给事中，后升户科都给事中。

包汝钝毫无怨言，欣然服从分配，陈位就列，尽职尽责。

在其位谋其事，好好工作，才对得起这份口粮。

"你们说，这些可恶的矿监、税使该不该禁？该不该杀？"包汝钝情绪激动地问大家。

"汝钝兄的脾气还是这么大哟，"董其昌给他斟杯茶，劝道，"少安毋躁，少安毋躁，来来来，先喝口茶。"

"你就会和稀泥。"包汝钝喝口茶，不满地小声嘀咕道。

"哎，该不该禁，该不该杀，咱们说了不算啊，要皇上大人说了才算数啊。"董其昌急忙辩解。

焦竑轻声问："汝钝你的上疏又被皇上压下了吗？还没下旨

回复？"

包汝钝沮丧地说："可不是吗，我已连上了三道疏对，皆无回音，唉。"

董其昌道："那些个太监都是替皇上去征税捞钱的，皇上哪里听得进去你的意见啊。"

区大相道："哎，我说董大人，你不是皇子的老师吗？可以帮忙说下话嘛。"

董其昌一撇嘴，说道："我就教皇子画了几天画，有啥用啊，听说连首辅大人的上疏都压着呢。"

大家一阵沉默，静静喝茶。

董其昌没话找话道："哎大相，去年的天降异象，你在广东可见了？"

大相道："你是说彗星和日食吗？彗星倒是看见了，日食没见着——那段时间正好广东刮台风。"

"彗星见，日食九分有奇。连岁间变异迭出，上当下罪己诏啊。"焦竑幽幽地说道。

因为彗星运动的时候后面好像有个尾巴，形状如扫把，故得名"扫把星"。古人认为彗星为怪异之星、灾星，这种天象的出现往往和人间的战争、饥荒、洪水、瘟疫等灾难联系在一起。

太阳运行天空，古人以之代天。皇帝称为天子，意即上天派其子来管理百姓。既然天代表皇帝的父亲，它会透过太阳表面上的各种征兆来警告其地上的代理人——皇帝，明示他做错了什么事情、有什么事情要小心等。所以每当发生日食时，皇帝就要警醒、反思。

包汝钝轻哼了一声道："我们的皇上干啥都认为自己是对的，让他下罪己诏，难啊。"

大相劝道："汝钝，世事如此，你要收敛下锋芒。"

包汝钝又激动起来，大声道："食君之禄，忠君之事。管他听与不听，反正我是要说。"

包汝钝说到做到，继续不停上疏，痛陈矿监危害，直到把万历帝给惹恼了。

"奸人李本立请采珠广东，帝命中官李敬偕往。见捷极言其害，不听。时小人蜂起言利。千户李仁请税湖口商舟，命中官李道往。主簿田应璧请卖两淮没官余盐，令税使鲁保兼理。见捷等并力争。顷之，令道、保节制有司。见捷又陈不便者数事。皆不报。益都知县吴宗尧劾税使陈增不法，见捷因请尽罢矿税。无已，先撤增还。未几，天津税使王朝死，见捷请勿遣代。忤旨，切责。以马堂代朝。见捷又劾堂、保及浙江刘忠。帝不纳，益遣高寀、暨禄、李凤榷税于京口、仪真、广东，并专敕行事。又以奸人阎大经言，命高淮征税辽东。见捷等累请停罢，……皆不纳。时中外争矿税者无虑百十疏，见捷言尤数，帝心衔之。居数日，又率司官极论，乃谪见捷贵州布政司都事，余停俸一年。"

文中所提到的李敬、李道、陈增、王朝、马堂、刘忠、高寀、高淮等宦官，到了地方之后，与地痞无赖相勾结，欺压官民，为非作歹，坏事做尽。

如那高淮，本是市井无赖，后自阉入宫，任尚膳监监丞。当万历帝派遣矿监、税使之时，高淮看到这是发财的好机会，便重贿宫中权贵，出任辽东矿税使。高淮到辽东后，社会上的残渣余孽及游手好闲之徒纷纷投其门下充当税使，他们或公开抢掠，或敲诈勒索，罄人之产，淫人之妇，辽东人民如蹈汤火。对于那些胆敢反抗的商民，不论老少，均捉拿到天王寺，施以酷刑。有的被捆住双脚悬在井中，称"悬头系井"；有的被倒立吊在树上，称"抽脚朝天"；有的被拦腰束住吊在柱子上，称"腰束吕公绦"；有的被置在下有烈火的铁皮上，称"烘焚暖炕"。

再如陈增，本是御马监的奉御，当上矿税使后，无恶不作。每到一地必劫掠行商，所求稍有不遂，即拳打脚踢，鞭腹笞背。其党羽爪牙则直入民宅奸淫妇女，更有甚者，竟丧尽天良挖坟掘墓搜求财宝。

矿监、税使所到之处，鸡飞狗跳，民不聊生。但万历帝热衷于敛财，看着太监们隔三岔五贡奉上来的金银珠宝、貂皮、名马等，便毫不掩饰地对他们加以偏袒。

频频上书、犯颜直谏的包汝钝，差点儿被下狱治罪，后来有人说情才从轻贬官发落。

长亭外，古道边，一众好友送别包汝钝。

> 高台积雪多，大陆北风厉。
>
> 行路寂无人，之子驾言逝。
>
> 逝矣返故乡，眷言执离袂。
>
> 与君四海人，六载为兄弟。
>
> 既谐金石交，亦动风云契。
>
> 良遇安可常，再陨临岐涕。
>
> 有酒难自斟，无舟可共济。
>
> 衔哀子傍皇，怨别我留滞。

揽衣讯长途，执手期后会。

久要贵不忘，愿子书衣带。

高台：高建的楼台，比喻京师。

大陆：广大的陆地，与海洋、岛屿相对。

驾言：乘车。晋陶潜《归去来兮辞》："世与我而相违，复驾言兮焉求！"

离袂：离别人的衣袖。

金石交：金子与石头属坚硬的东西，以之喻像金石一样牢不可摧的交情。

临岐：面临歧路，赠别之辞。宋范成大诗："临岐心曲两茫然，但祝频书无别语。"

衔哀：心怀哀痛。晋陶潜诗："衔哀过旧宅，悲泪应心零。"

书衣带：汉献帝时，曹操擅权，献帝用鲜血写诏书缝在衣带里，托国舅董承带出宫外，此之谓"衣带诏"。《资治通鉴》记："初，车骑将军董承称受帝衣带中密诏，与刘备谋诛曹操。"此处指希望好友接到皇上的诏书，重新被任用。

京师之地北风凛冽，白雪堆积，路上都没什么行人，只有你乘着马车即将远归故乡。

四海之内皆兄弟，与你相识六年来，我们早已结下金石般坚贞情意。就要与你分别，从此天涯海角，我拉着你的衣袖依依惜别，不觉流下泪来。

唉，自君别后，就算美酒在侧，又有谁与我痛饮？

那曾经一起度过的美好时光，再也不会有了！

你心中也哀伤，不忍离别的凄楚，一个劲儿地劝我别送了，快回去。

知交零落，我们握着手，难舍难分，相约后会有期。

问君此去几时还，来时莫徘徊。到那时，你又重新受到皇上的委任，我们又可以一起把酒言欢了。

刚送别朋友，又要送别弟弟。

大伦出任山东东明县令任满，京察优秀，升任云南道监察御史，赴京供职。

以后与弟弟同在京城为官，可以经常见面，大相非常开心，也替自己的弟弟感到自豪。

> 凫来丹灶令，凤去紫泥书。
>
> 出宰贤声遍，还朝清问余。
>
> 鹓鸿班并入，台省席元虚。
>
> 努力期同气，丹诚问玉除。

凫来：凫又叫鹜、野鸭。凫来喻地方官升任。明何景明《送韩大之赴新都》诗："万里一琴将鹤去，九霄双舄望凫来。"

紫泥书：指皇帝诏书。

出宰：由京官外出任县官。唐韩愈《县斋读书》诗："出宰山水县，读书松桂林。"

清问：清审详问。

鵷鸿：鵷雏、鸿雁飞行有序，比喻朝官班行。唐高适《途中酬李少府赠别之作》："鵷鸿列霄汉，燕雀何翩翩。"

台省：汉代指尚书台，后指代表皇帝发布政令的中枢机关。

玉除：用玉石砌成或装饰的台阶，借指朝廷。

那只任东平县令的丑小鸭，干得不错喔，美好的声名传遍朝野。任满京察，政绩斐然，皇上一纸诏书，就变成了只金凤凰。现在威风啦，任职中央机关，朝衣朝冠。但是无论怎样，都不要忘记我们当初的誓言啊兄弟，让我们同心协力，以一颗赤诚的心来报效朝廷。

大相内心喜悦，以一种戏谑的口吻，勉励大伦不忘初心。

但是面对皇风颓废、朝纲不振的现状，大相又隐隐为弟弟担忧。

> 有鸟朝阳鸣，飞向瑶台集。
>
> 楚楚吾家弟，爰来自畿邑。
>
> 畿邑五载间，百度亦维辑。
>
> 皇风久已颓，尔其庶有立。
>
> 芸阁我倦栖，柏台子新入。
>
> 子优绳纠司，我愧青缃业。
>
> 归邸各异宿，入朝或交揖。
>
> 篷羽班始联，鸣佩声相及。
>
> 矢志将无同，共歌天保什。

楚楚：形容杰出、出众。

畿邑：京城管辖的府邑。

皇风：皇帝的教化，王朝的风气。

芸阁：秘书省的别称，因秘书省司典图籍，故亦以指藏书、校书处。

柏台：御史台的别称。相传汉御史府中列植柏树，常有野鸟数千栖其上。

绳纠：纠正过失。宋司马光："臣职在绳纠，不敢不言。"

青缃：青色和浅黄色，古代常用此颜色的布帛作书衣、封套，因用以指书籍、画卷等。明徐渭诗："暂脱锦袍悬翠壁，忽抽彤管拂青缃。"

矢志：立下誓愿，以示决心。

天保：即《诗经·小雅·天保》，一首大臣祝颂君主的诗。

什：诗篇。

这位仪表堂堂的才俊，就是我的亲弟弟，他刚从京外赴朝任职。唉，弟弟啊，你不知道现在王朝风气颓败，以你耿直的性情又如何在这里立足呢？说实在的，对朝廷中的是是非非我已很厌倦了，而你才刚刚赴任，今后的考验还在等着你啊。你对我说，不管世道如何，你都要努力工作，纠正风纪，我听了感到很惭愧。

让我们在此立下誓愿，兄弟同心，共谱一曲为王朝兴盛而奋斗的壮丽诗篇。

大相的担忧不无道理，以他对弟弟的了解，大伦肯定不是那种随波逐流、见风使舵之辈，对于不合理之事，肯定要挺身揭露，哪怕面对的是当今天子。

区大伦出任的是御史，即监察御史，负责监督中央及地方官吏，有监察、弹劾及谏议之责，所以一般官员都比较害怕他们，就连皇上有时也对他们感到很头痛。

这不，辽宁、京师发生轻微地震，六月的天儿下了几颗小冰雹，区御史就向皇上上疏了——《灾异直陈修省疏》——天灾异象，皇上您该反省下自己了。

"迩复震于霍州，连震于京师及昌平诸州县，而雨雹又遣告矣。天雹，阴胁阳也。地阴主静，震乃为灾。天心示谴，坤载震摇，忧方大也，又奈何弗戒也？"

大相读着弟弟的疏对草稿，感慨万千，赋诗道：

> 近来忧国泪，肝胆与谁论。
>
> 地震连三辅，星妖切上垣。
>
> 北庭犹火怪，东海久鲸翻。
>
> 燮理群公在，安危一疏存。
>
> 春秋凭纪异，衮职仗调元。
>
> 独尽回天力，同看悟主言。
>
> 弥灾应有术，致变岂无原。
>
> 朝讲何年废，吁谟列祖尊。
>
> 几人扶社稷，有尔共乾坤。
>
> 读罢风涛激，歌残涕泗繁。
>
> 匡时平日志，养士累朝恩。
>
> 圣德过虞舜，将传碑四门。

肝胆：比喻真心诚意。《史记·淮阴侯列传》："臣愿披腹心，输肝胆，效愚计，恐足下不能用也。"

三辅：泛称京城附近地区。

上垣：即太微垣，居于北斗之南，代指政府中央。星象中紫微
垣、太微垣、天市垣称三垣。

燮理：调和治理。

回天：扭转乾坤。旧以皇帝为天，故喻谏止皇帝改变意志。

悟主：使主上觉悟。

弭灾：消除灾害。

朝讲：早晨对皇帝讲读经史典籍。《明史·毛纪传》："郊祀毕，
请勤朝讲。"

吁谟：远大宏伟的谋划。《诗经·大雅·抑》："吁谟定命，远
犹辰告。"

社稷：古代帝王、诸侯所祭的土神和谷神。社，土神；稷，谷
神。亦用作国家的代称。

涕泗：眼泪和鼻涕。

近年来国家一直处于多事之秋，三辅地区接连发生地震，妖星
停留在太微垣星域，这是预示朝廷中将有大事发生啊。果不其然，
除了地震灾害之外，北方和东方的混乱接踵而至。而朝堂之上，群
臣们都在和稀泥以独善其身，能为国为民、直言上谏君王的贤臣还
有谁呢？只有弟弟你啊，你这本奏折称得上慷慨直言，独尽回天之
力以匡助社稷。我想，它一定能敦促君王觉悟，奋发图强，国家的
前途安危都系在你这本奏折上了啊。

读罢弟弟的奏折，我胸中风起云涌，难以平静，长歌之后发自

肺腑的泪水为之流淌，被弟弟你挽救时局的赤子之心深深感动。

但皇上却未必感动。

又如郊祀，皇上想偷个懒，让亲信定国公徐文璧代为主持仪式，区大伦又向皇上上疏了——《郊祀疏》，非要皇上亲自去。

"必烦圣驾躬荐明德，力行祖宗亲郊之典。"

见皇上没反应，那就继续上——《纠劾冒恩勋臣以隆祀典疏》，在这道奏折中，大伦忍无可忍，大骂徐文璧接受代为祀郊之责是"贪冒而不知耻"，"彼文璧者，固纨绔之子，豢养之人，而幺幺庸鄙之徒"。

"郊外祭天神地祇，故谓之郊祀。"

大伦之所以这么坚持，是因为郊祀祭天地一向是中国古代君王必须亲自主持的重要祭祀活动。孔子曰："万物本于天，人本乎祖。郊之祭也，大报本反始也，故以配上帝。天垂象，圣人则之，郊所以明天道也。"

皇帝自称"天子"，南郊祀天，北郊祭地，帝王就是通过这种"绝地通天"的方式，沟通神圣世界与世俗国家，获得天地庇佑和神圣权威，所以他人替代不得。

连上两道疏对，足见大伦的忠贞耿直。

但皇上却不见得这样认为，疏对送入宫后如泥牛入海，毫无音讯。

皇上不批复的奏折一般都是所疏之事均为让他不高兴的事情，而上奏之人八成也会跟着倒霉。

一位官员虚情假意道："区大人的几道疏对都没批下来，可能是惹皇上生气了，我们大家对你的安危都很担心啊。"

大伦慨然应道："人臣尽职耳，何祸福之敢言。"

这位官员拱手道："佩服！佩服！"

角落里，几个官员窃笑："傻子。"

果不其然，十一月上的疏对，十二月就让皇上愤怒而下了道圣旨：革职为民，不许朦胧起用。

就是说，以后不许随便找个借口再任用这种人了——可见万历帝对这几份奏折有多恼火。

"当年父亲解甲归田，半为农兮半为儒。他给我们说，人之一生起起伏伏，关乎时运，强求不得。居庙堂之上则忧其君，处江湖之远则耕读自足，未尝不是件乐事啊。"大相握住大伦的手，叮咛不尽。

依依不舍地送别弟弟，大相放心不下，不停修书，给予安慰：

> 自尔封书作逐臣，天涯消息望归人。
> 不信江头芳草色，故园犹有棣华春。
>
> 共道批鳞罪有余，主恩翻得守田庐。
> 渔樵久定归来计，不待逢人更卜居。
>
> 得承严谴是恩波，去国还家思若何。
> 莫道故园春事少，古来迁客岭南多。

虽然弟弟你因忠耿尽职、直言犯上被革了职，但你还有兄弟之情在啊。很早之前，我们兄弟就谋划着什么时候可以回家过那田园生活，所以说你被贬返乡，其实是皇上的恩赐啊。不要因为革职而难过了，要知道，从古至今，被朝廷流放到岭南之地的官员有很多，况且你这次还是返回自己的故乡呢，没事就偷着乐吧。

回到家乡之后，区大伦并没有沉沦，他潜心"白沙之学"，创建了蓬山、苍溪两座书院，四方学子闻之而来，学者日众。时人谓："吾粤自白沙夫子（陈献章）以致虚上承孔孟，未百年而有区罗阳（大伦）先生。"

邻居

朋友走了，弟弟也走了。心情难过，可日子还得过，虽然有些低落。

不久，依资历，大相升了赞善，秩从六品。再往后，转左春坊左中允，正六品，修起居注，即掌记皇上和皇室宗亲日常生活起居。

此时的赵首辅已经七十多岁了，这是个性情懦弱的老好人，因此"为朝士所轻，诟诼四起"。但万历帝却很喜欢这个老头，因为张居正当权时，位高震主，啥事都管着，就连喝杯酒都被他教育半天，而赵首辅却啥事都顺着他，所以赵志皋几次提出要退休，万历帝就是不允，最后死在任上，也可以说是鞠躬尽瘁。

继任的是沈一贯，浙江四明人，和赵志皋一样，同为隆庆二年（1568）进士及第，选庶吉士，历任翰林院编修、经筵日讲官、太子左中允、太子侍读、太子右谕德，迁吏部左侍郎、侍读学士、太子宾客。万历二十二年（1594），迁南京礼部尚书、正史副总裁，后迁礼部尚书、东阁大学士、户部尚书、吏部尚书、建极殿大学士，最后成为内阁首辅大臣。

赵志皋秉政十年，不植党，不怙权，稳重得大体，临下宽和，臣僚获罪者，多尽力解救。但沈一贯与前任却恰恰相反，为人阴险圆滑，手段卑劣，出任首辅后，蒙上钳下，排斥异己，遍置私己，逐渐在朝中形成一股浙籍京官组成的新势力——浙党。

沈一贯的另一个身份，就是浙党党魁，浙党的领袖。《弘光朝伪东宫伪后及党祸纪略》这样评价浙党："党祸始于万历间，浙人沈一贯为相，擅权自恣，多置私人于要路。"浙党左右朝政大事，致使朝中只有浙党之是非，而没有公理之是非。

明代中后期政治上党争严重。说起明代党争，人们第一个反应就是阉党①和东林党②，却很少有人知道沈一贯领导的浙党。实际上，浙党曾经是能和阉党、东林党并立的大党派。

除了这三大党派之外，明代的党争还有许多小党派牵涉其中。比如以官应震、吴亮嗣等为领袖人物的湖广籍官员为主的"楚党"，以山东籍官员为主的"齐党"，齐、楚两党因为常常依附在浙党之下，所以人们又称为"齐楚浙党"。此外，还有"宣党""昆党""秦党""晋党"等。

这些所谓的"×党"，实际上就是维护一己利益的小团伙，诸党之间利用自己的网络关系、人脉资源，相互攻讦，相互算计，朋比为奸，构陷冤狱，致使朝廷言路阻塞，政治昏暗，民生凋敝，将大明王朝一步步推向倾灭的悬崖。

---

① 阉党一般指由依附于宦官权势的官僚所结成的政治派别。明代的宦官用事最久，握有的权力极大，在中国宦官史上呈现出独有的特色。明英宗幼年即位，宠信宦官王振，阉党势力开始形成。此后明宪宗时宦官汪直、明武宗时宦官刘瑾都曾广树党羽，专擅朝政。明熹宗天启年间，大宦官魏忠贤专权，一大批朝官依附其权势，网眼遍布朝野，阉党势力达到顶峰。

② 吏部郎中顾宪成被革职之后，回到家乡东林书院讲学。在教授学子的过程中，常常议论时政，褒贬人物。而这些学子日后进士及第进入官场，慢慢地抱团，形成了一股强大的政治势力，世称"东林党"。

耿直的区大相对于这些拉帮结派、团团伙伙的做法深恶痛绝，秉持凡事公事公办，私事绝不拉关系，哪个党派也不参加，自称"无党派人士"。

时人有记："先生（区大相）豁达有度，而方正不能骫骳，尽谢寅缘依附之习，如赵兰溪（赵志皋）、张新建（张位）、沈四明（沈一贯），政府诸公，或故谊，或比邻，义无私谒。"

沈一贯的叔父沈明臣，是明代著名诗人，万历"天下三大布衣诗人"之一，一生作诗近万首。沈一贯从小受着熏陶，自然也有满满的文学基因和文人情怀。如今意气风发，自然少不了赋诗作文，附庸风雅，时人赞其"诗笔颇擅丽藻"，人称"句章公"。

其时区大相诗文才思，在翰林院已是赫赫有名，沈一贯也颇欣赏大相诗文，大相依制所作制诰《沈一贯曾祖父母》《沈一贯祖父母》《沈一贯父母》，深得沈一贯赞赏。

句章公很想与区翰林唱和，惺惺相惜。

但人尽皆知，区翰林一向不愿与权贵过多交往，不过，沈首辅自有办法，他悄悄在区大相家旁边买了所宅子，远亲不如近邻嘛，想着做了邻居，低头不见抬头见，日子久了，自然会熟络的。

这一日，大相下朝回家，看见隔邻荒芜已久的大宅子人进人出，正忙着搬家具，便拦着一位搬运者，问道："这是谁家搬屋啊？"

搬运大哥气喘吁吁地擦把汗，道："是首辅大人家。"

大相心头一沉。

正说着话，只见沈一贯急忙忙从府中走出来，吆喝着一位搬运工："慢点，慢点，这翠毛釉花瓶可是广东石湾窑的贡品，皇上赏赐的，小心，小心。"

抬头望见大相，沈一贯笑眯眯地走了过来。

"首辅大人搬家啊。"大相招呼道。

"是啊，区大人。以后咱们做了邻居，你可要多来寒宅坐，喝喝茶，作作画，写写诗，岂不美哉？"沈一贯的圆脸上不知道在哪里蹭了块灰，看着有些滑稽。

大相心想，你这也叫寒宅啊——这宅子原是户部一个贪官的，事发被封，里面可是亭台楼阁、小桥流水，美轮美奂。

"首辅大人日理万机，不敢叨扰。"大相客气道。

"哪里，哪里，在内阁自然要打理国事，回到家里就是私人时间嘛。你我广东道、浙江道同为东南沿海，乡俗、饮食相近，一定要多来往。对了，前些天有人从家乡给我带了两包上好的碧螺春，我一会儿找找让人拿给你。"

"谢大人美意，我不懂喝茶——您先忙吧。"大相拱手告辞。

"哎，且慢。"沈一贯突然想起了啥，挽住大相的手，说道："那石湾窑不就在你们广东吗？你且帮我鉴赏鉴赏这翠毛釉花瓶，那可是皇上赏赐的呢。"

大相无奈，只得随着沈一贯来到他家客厅。只见客厅里堆满大大小小的锦盒，琳琅满目。

沈一贯万般小心地搬出一只锦盒，小心翼翼地打开，取出一只花瓶放在紫檀木的茶几上。

那花瓶高约尺许，以蓝色为基调，错间白、红、绿、紫诸彩，或作垂流状，或似云雾状，或浓或淡，或聚或散，变幻迷离，意蕴深邃，恰如一束束柔顺温润的翠羽，真不愧"钧窑以紫胜，广窑以蓝胜"之誉。

看着自己家乡的物件，大相心里一阵亲切与激动。

这石湾窑就在佛山镇西南之东平河畔，制陶历史久远，唐宋之时已是广东名窑，到明一代，更是与浙江之德化、江苏之宜兴共称天下三大民窑（官窑当然是景德镇）。

大相想起少年时于石湾游历的情形：但见大大小小的山岗，延绵起伏，相续约十数里之遥。山岗之上，一座座龙窑倚坡而卧，鳞次栉比，远望宛如一条条巨龙从天而降。每日诸岗之上，经常有数十座陶窑冒出阵阵烟火，此起彼伏，遂成一景，时人称"陶窑烟火"；陶窑煅烧完毕，多于早上时分开窑，窑工需要逐件敲击以验优劣，声如钟鸣，连绵不绝，时人称为"宝器晨钟"。

"看看，你你看看这花瓶咋样？"沈一贯满脸期许地望着大相。

大相赞叹道："这花瓶胎体浑厚，釉色凝重，既雅且拙。您看它蓝釉中掩映绿彩，有如翠鸟之羽翼般浓丽，佳趣天成，难能可贵，实为石湾窑不可多得之佳品啊。"

"石湾之地，真是人杰地灵，老夫有机会一定要去走上一走。"沈一贯满脸真挚地说。

睹物思乡，大相也来了兴致，打开了话匣子："说起这翠毛釉花瓶，还有一段故事呢。"

"话说某朝，一个偶然的机会，皇上见了这翠毛釉花瓶，非常喜爱，一打听，是石湾窑出品，遂下一道圣谕，命进贡二百樽来。圣谕传到，却无人敢接，因为这窑变之釉，皆偶然所得，谁敢保证二百只花瓶都一模一样呢。众人惶恐之际，一位霍姓师傅挺身而出，他带领大家制好瓶坯，又找来桑枝、松木、稻草等物，烧灰作底料，再加入玻璃粉、玉石粉、贝壳粉等研磨成釉药，日夜烧制。结果烧了一窑又一窑，都失败了。眼看期限将至，这最后一窑若烧不成，陶工们就要大难临头了。"

"霍师傅有个女儿名唤锦珠，自幼与爹爹相依为命，她很为陶工和爹爹着急，却也不知怎么办。忽然她想起，小时候曾听爹爹讲过一个故事：说是有个国王命一个渔夫打一条金线黄尾鲤鱼给国太治病，打来打去就是打不到，最后一天了，他的女儿祷告上天，要把自己变成一条鲤鱼以解父亲之危，然后她瞒着父亲跳入江心，在最后的一网中，她爹爹果然打上了一条金线黄尾鲤鱼。想到这里，锦珠的眼睛明亮起来。她穿上蓝衣蓝裤，披上母亲遗下的绿色丝巾，悄悄来到了烧窑的地方。依着山腰斜坡而筑的龙窑，正烧得火旺。锦珠趁人不备，来到窑口，她整整衣衫，大声喊道：'爹爹，我去了，愿这一窑烧得成。'接着就纵身跳进了熊熊窑膛之中……说来奇怪，开窑的时候，果真烧了一窑的翠毛釉花瓶，蓝色中映着绿彩，和皇帝要求的颜色分毫不差。"

"想不到这翠毛釉花瓶里还有个如此惨烈的故事。"沈一贯感叹道。

"乡野传闻，污大人耳听。"大相道。

"哪里，哪里。"沈一贯沉吟着道，"俗话说，宝剑赠英雄——区翰林对这花瓶见识如此之高，不若转赠于区大人可好？"

"不敢当，不敢当。"大相连连摆手，逃也似的告辞。

"隔邻是谁家搬屋啊？"妻子接过大相的朝服问。

"沈首辅大人。"大相叹口气道，"唉，看来我们也得搬家了。"

几天后的一个深夜，大相正在灯下读书，沈一贯携着他的碧螺春造访。

"又说自己不喝茶，真是。"沈一贯扫眼望着桌子上的那套精致的德化窑工夫茶具，佯嗔道。

茶壶上刻着四个篆书"一清如水"——正是父亲遗物，喝茶的功夫也是父亲教的。

大相讪笑，连忙帮沈一贯冲茶奉上。

"你先别忙冲茶，且来看看我刚作的诗。"沈一贯小心翼翼地从怀中掏出一张敲冰纸，在灯下摊开。

> 天地皆实，人处空虚中。
>
> 实下为土，实上为风。
>
> 间风间土，呼为垒空。
>
> 动而有神，变化无穷。
>
> 歌以咏之，人处空虚中。

大相敷衍道："好诗——我于佛理不甚懂，读来玄之又玄。"

沈一贯大喜："你也读出了其中的佛理？与你这样有学问的人做邻居可真好，以后咱们可要多切磋切磋。"

谁知过了不多久，区大相竟卖了自己的房子搬家了！搬家了！

搞得首辅大人深深无语。

时人有记："四明移居比邻，竟鬻宅迁避，四明以是为憾。"

昔者孟母三迁，区大人对自己的邻居也很挑剔啊。

他喜欢的是这样的邻居。

> 竹下幸为邻，墙头过酒频。
>
> 每惭依玉树，常得饮醪醇。
>
> 涤器先心醉，倾壶满面春。
>
> 此时歌郢曲，讵假当垆人。

玉树：槐树的别称。

醽醁：味厚的美酒。

郢曲：泛指乐曲。南朝鲍照诗："蜀琴抽白雪，郢曲发阳春。"

当垆：卖酒。垆，放酒坛的土墩。唐李白《江夏行》诗："正见当垆女，红妆二八年。"

三生有幸，和你做了邻居，得以时常把盏言欢。我们用清水洗涤着酒器，还没真正开始喝呢，心里已感到醉意微醺。

在这美好的春日里，我们依着老槐树，隔着墙头，拎着酒壶，谈古论今，举杯畅饮，你一杯我一杯，不知不觉间已喝得春光满面。东风拂面，酒兴高至，我们把酒而歌，恍如酒中之仙。

像咱俩这种喝法，我想，根本不用当垆的美女来劝酒，真是酒不醉人人自醉啊。

> 闲携青玉杖，高和紫芝歌。
>
> 篱落同鸡犬，衣裳杂薜萝。

薜萝：指薜荔和女萝。两者皆野生植物，常攀缘于山野林木或屋壁之上，借指隐者或高士的住所。清黄遵宪《岁暮怀人诗》："卅年冷署付蹉跎，归去空山卧薜萝。"

和这样的邻居一起是多么有趣啊，房舍相接，篱笆相间，鸡犬之声相闻。下朝回来就在一起欢聚，朝服杂乱地搭晾在薜萝之间，那么自在随意。闲暇之余，我们拿着青玉做的拐杖，高唱着隐士之歌——紫芝歌，一起游山玩水，好不逍遥快活。

有德从来自有邻

不久，好友林咨伯听说区大相搬家了，随即也搬了过来和他做邻居，大相非常高兴，说道："在世岂应无知己，为德从来自有邻。"

> 近卜宫西宅，君来就竹扉。
> 门同垂苑柳，壁共挂朝衣。
> 联骑寻花出，双星伴月归。
> 天涯好邻并，不觉宦情微。

卜：选择（住所）。

联骑：连骑；并乘。

双星：牵牛、织女二星。

邻并：邻居。唐贾岛诗："闲居少邻并，草径入荒园。"

宦情：做官的志趣、心情。

听说我搬家在西城的郊外，你也搬过来和我比邻而居。在我们用竹子编的院门口上，一棵老柳树垂下丝缕随风飘抚，墙壁上则挂着我们的朝服。今天相约出游赏花，我们肩并肩骑在马上，不知不觉游赏到月上柳梢。

咨伯兄啊，有你这样志同道合的好邻居，谁敢说当官的人就没啥情趣呢。

千金买宅，万金买邻。

《左传》有言："亲仁善邻，国之宝也。"邻里关系直接关系到个人生活质量的高低，所以自古以来，中国人在对邻居的选择上十分慎重。晋陶渊明《移居》诗写道："昔欲居南村，非为卜其宅。

闻多素心人，乐与数晨夕。"他说自己之所以选择移居南村，是因为看中了这里有很多"素心人"，即内心纯净、朴素之人。

　　大相选择的邻居也是和自己气味相投之人，奇文共欣赏，疑义相与析，他常与邻居一起探讨诗文与人生，坦诚相对，守望相助，这和谐美好的人文氛围，令彼此之间受到道德的熏陶和感染，获益匪浅。

使周藩

虽然没有做成邻居，但沈首辅也没怎么为难区大相，这不，万历二十九年（1601），大相又得到个肥差——使周藩。

大相颇有些小得意："册封使之再遣也，与遣及官僚也，自予始也。"意思是说，朝廷派遣册封使臣，派了一次，又被派一次，所有官僚中，他是第一个。

"非夫君相恩遇，克有此乎？"大相心里还是蛮感激的。

周藩封地在河南的开封，皇家子孙的居所，自然也是粉白黛绿、轻歌曼舞之所。

出使周藩的时间久点，经过了河北、山西、河南、湖北、湖南、广东。万历三十年（1602）二月，从广州返京，因为风痹病（痛风）犯了，不能行，复从粤北南雄浈江折返广州。史载："二月赴京，行至浈江，病不能前，具疏缴节，请宽限，得旨沿途调理。"

在家养病将近两年，才于万历三十一年（1603）冬从广州返京，次年六月抵京城。

区大相运气欠佳，上次出使遇上水灾，这次出使则遇到了旱灾。

"辛丑岁予再遭得使周藩。是时，畿辅大饥，道上所见，林木皮几尽，问之皆饥民所采。于是传舍具餐，予为停箸不能食。"

赤日炎炎似火烧。天逢大旱，目之所及，赤地千里，颗粒无收，路上的树皮都给吃光了，饥民们饿得像刺猬一样蜷缩着身体，有气无力。此情此景，真让人悲痛啊，大相心情难过得吃不下饭。

百姓陷于水深火热之中，朝廷本应当积极抚恤救济，解民生之忧，但此时的朝廷却选择性地无视，不但不救济，反而变本加厉。区大相记下了田家的吟唱。

> 农务虽闲未敢安，近来生事日艰难。
> 旧租未了新租急，又责金钱供内官。
>
> 海内传闻有赐酺，酿钱相就醉枌榆。
> 诏书又报天南下，不是宽租是索租。

之前的田租还没交完呢，又开始催着交新的田租，还要多交钱供养内宫。朝廷的诏书又下来了，不是让少交租却是要多加田租啊。"旧租未了新租急""不是宽租是索租"，苛政之下，百姓生活窘迫，时局动荡，民间堪忧啊。

> ……
> 根本宜先重，闾阎足隐忧。
> 三时方亢旱，四海尚诛求。
> 节去梅犹夏，时褪麦不秋。
> 国章行展礼，民瘼在咨诹。
> ……

根本：事物的根源，基础，最主要的部分。

闾阎：泛指民间，平民。

隐忧：深深的忧虑。《诗经·邶风·柏舟》："耿耿不寐，如有隐忧。"

三时：指春、夏、秋三季农作之时。唐元稹诗："我欲他郡长，三时务耕稼。"

四海：天下，全国各处。唐李绅《古风》："春种一粒粟，秋成万颗子。四海无闲田，农夫犹饿死。"

诛求：需索；强制征收。

国章：国之礼仪典章。吕延济注："国章，国之礼仪也。"

民瘼：民众的疾苦。《后汉书·循吏传序》："广求民瘼，观纳风谣。"

咨诹：征询，访问。宋王安石诗："愿君博咨诹，无择壮与考。"

出使藩国的同时，我也考察民间的疾苦，征询百姓的生计。他们说，连着春夏秋三个农作之季，天都没下雨，时气不祥啊。庄稼都没收成，家家户户都揭不开锅，但是官府还在强取豪夺，贡赋还得如期如数上交，这日子真没法子过啊。

听了他们的话，我心里深深地忧虑，百姓是国家的根本啊，民生问题是要最先重视和解决的问题，这样下去，民间必将潜藏着隐忧，国家将会不安宁啊。

百姓们鬻儿卖女也交不出多少租来，既然田里榨不出啥东西，那就向其他地方榨呗。反正普天之下，莫非王土；率土之滨，莫非王臣。

早已有之的矿监、税使越来越多，愈演愈烈。

税使们不但征收苛捐杂税，还向百姓们敲诈勒索，盐税、茶税、船税、店税、木税、鱼税、猪税、苇草税、灯草税……名目繁多，只要能够列出名目的，都可以开税征钱。普通的税吏本也是烂污人物，但比起这些税使来说，简直纯洁得如同初生的婴儿。税使只要用手向某商铺一指，说声"漏税"，这家商铺就算是赔了老本儿也难以偿清。

大相一路走来一路看，十分愤怒。

> 闻道貂珰辈，由来为扫除。
>
> 先朝停镇守，近日典方舆。
>
> 贡采山川竭，征输井邑虚。
>
> 明明皇祖训，宫府意何如。

貂珰：貂尾和金、银珰，古代侍官的冠饰，后特指宦官。
典方舆：管理地方事务。
井邑：城镇和乡村。《周礼》："九夫为井，四井为邑。"
皇祖：朱元璋。

我听说宫中设置的宦官之辈，只不过是从事打扫之差而已。太祖皇帝曾定制，宦官不得干预政事，预者斩。可是现在，宦官们却到全国各地采矿进贡，横征暴敛，致使环境遭到严重破坏，山川为之枯竭，城乡一片萧条。明明有祖训在上，朝廷还执意这样做，究竟想干什么呢？

熙熙攘攘，皆为利往。

万历帝不顾祖训，任由宦官干政，很大的原因就是敛财（当然还有部分原因是为了抵抗当时强大的文官集团）。

为了赚钱，除了矿监、税使，万历帝还到处开店，全国各地遍布皇店。

皇店就是皇家开的商店，由皇帝直接委派宦官经营管理，不受官府的管制，收入当然归内库。开设皇店的目的只有一个——赚钱，所以只要能赚钱什么店都可以开，经营范围很广，如茶店、酒馆、牙行（中介）、货栈、客栈、米铺、花酒铺（色情之所）等，五花八门，甚至有的皇店还放皇债和高利贷。

经管皇店的宦官凭借权势，随意拦截商贾，敲诈勒索，皇店周围皆设巡逻，"负贩小物，无不索钱；官员行李，亦开囊检视"。种种为所欲为的恶劣行径，对民间商业经营活动的秩序损害很大。

河南的钧瓷，观之如景，叩之如磬，是中国古代五大名瓷之一，有"钧与玉比，钧比玉美""黄金有价，钧无价""家有万贯，不如钧瓷一片"之说，以其独特的窑变技艺，入窑一色，出窑万彩，浓艳晶莹，瑰丽夺目。

大相走在冷冷清清的瓷器街上，街道两旁店铺林立，却是门可罗雀。

一个叫"磬然瓷祥"的店铺吸引了他的目光，他不由停下脚步。

"这店名起得有点儿意思。"大相心想。

"客官，您买点儿啥？"店小二一脸堆笑。

"不买啥，就看看。"

"啥？"小二立马变了脸色，横眉竖眼地质问道："你在这里白看，阻碍俺们做生意，咋办？"

大相不悦，问道："那你说怎么办？"

"看了就得买！"小二斩钉截铁。

"不买呢？"大相上火。

"不买？"小二竖起大拇指向身后指着："你去打听打听这店是谁开的？京城的夏公公！你知道夏公公是谁？那可是当今皇上身边的大红人，吐口口水就能淹死你！他老人家这可是帮皇上打理生意，你光看不买，成心捣乱，小心拉你去官府关个三年五载。"

"哦，夏公公啊。"大相气极反笑，"我在京城倒也见过——这样吧，也不让你为难，你且去取笔墨来，待我修书一封，你交与夏公公便是。"

小二上下打量了大相半天，有些不情愿地拿来记账的纸笔。

> 皇家新店跨神州，泉府虽盈万姓愁。
> 今日何人忧国计，独劳天子自持筹。

泉府：泉为钱之旧称，泉府即储备钱财的府库。

持筹：也称算筹，古代一种计数工具。唐韩愈诗："讵可持筹算，谁能以理言。"

厉害啊，我的皇上，您家新开张的店铺遍布神州大地，生意兴隆。内库里面虽然堆满了钱财，但您却不知道，天下百姓正忧愁困苦着呢，因为那些通过不正当经营所创收的财富，哪一文不是从百姓那里掠夺而来的呢？时至今日，国贫积弱，也没有个人来帮皇上分忧国事，还要劳烦皇上您亲自来经营商铺挣钱啊。

这首《过皇店》可真敢说，不知道店小二有没有交给夏公公，也不知道夏公公有没有报告给皇上，假如万历帝看见了，不知道会有什么反应呢？

贫仕诗

一路堵心的出使途中，大相难得收到一个好消息：皇长子朱常洛被正式册立为太子。

"秋八月日，有旨谕廷臣：皇长子册立，冠、婚礼以次举行，其令礼官具仪。"

大相万分高兴："臣惟天下臣民，傒心是举久矣。"——我想天下的臣子和百姓们，等这一天已经等了很久了。

立太子一事，在封建王朝可是件天大的事，称立国本。

近二十年来，内阁首辅、言官、大臣们前赴后继，无数次上疏进言万历帝，让他早立长子朱常洛为太子，搞得万历帝烦不胜烦。关于此事，明史有个专用术语"争国本"。

万历帝之所以迟迟不愿立太子，说来话长。

那时候，万历帝曾经是莽撞少年，曾经度日如年。凡事都由张首辅和太后操心着，一日闲得无聊，万历帝就去给太后请安。

太后不在宫里，那日合该出事。

反正也没啥事，万历帝就在宫里这儿坐坐，那儿走走，见新上贡的秋梨，就要吃。宫女忙伺候他吃，他一边吃，一边打量这宫女，打量来，打量去，看她低眉顺眼的模样，就看上了，就临幸了她。临了，按规矩，送了她一枚玉佩。

在古代内宫里，这本是一件小事。皇帝嘛，三宫六院的，临幸了就临幸了，感情自然是谈不上的，事实上，宫女姓甚名谁，他连问都没有问。

这个宫女姓王，他这辈子都将牢牢记住，不管他愿不愿意。

不久之后，王宫女意外地发现，自己怀孕了。随着肚子一天天大起来，知道这件事的人也越来越多，最后，太后也知道了。

王宫女跪在太后面前，举起玉佩，太后忙命人将她搀扶起来。

世上的婆婆是否喜欢儿媳真假难辨，但喜欢儿媳腹中孩儿倒是千真万确，太后也是一样。

因为皇后迟迟不能生育，至今万历帝还没龙种呢，怎么能让做娘的不操心？

太后把儿子叫过来，询问此事。

万历帝沉默着，要么就是打哈哈，说着太后吉祥、天气不错之类的话，就是不入主题。

你让万历帝说啥哩？这宫女地位低下，又非沉鱼落雁之类的尤物，一时性起而已。

不想承认？太后冷笑一声，拿出玉佩来。万历帝佯惊讶道，哎呀，不知啥时候丢的。

太后又冷笑一声，命太监拿来内起居注，她翻到某一页，扔给了万历帝。上面清清楚楚记着：某年某月某日，皇帝来到太后处，某时进，某时出，做某事。

在古代文书中，起居注是皇帝日常言行的记录。区大相所任左中允，便是修起居注的。但这起居注记载的，只是皇帝在宫外的工作情况，而皇帝在后宫中的生活情况，则由太监记载，称内起居注。

皇帝辛勤工作，太监忠实记录，这是后宫的优良传统，事实证明，这一规定是极其有效且合理的。

万历帝恨不得一把撕了这内起居注，没办法，真相大白，只能低头认账。

万历十年（1582），王宫女的地位最终得到确认，被封为恭妃。两个月后，恭妃不负众望，生下了一个儿子，是为万历帝长子，取名朱常洛。

消息传来，举国欢腾，太后高兴，大臣们也高兴，唯一不高兴的人，就是万历帝。

那位将身心中最温柔的部分全给了他的恭妃，万历帝对她实在没啥感情。对这个意外出生的儿子，自然也谈不上喜欢。更何况，此时他已经有了德妃。

这位德妃，狐媚偏能惑主，经常让万历帝留宿忘返。

而这德妃的肚子也相当争气，先是生了俩女儿，万历十四年（1586），终于生下个儿子，取名朱常洵。

这个孩子的出生，让万历帝欣喜异常。他根本就不喜欢长子朱常洛，心里就悄悄打算着，找个机会，要立朱常洵为太子。

然而废长立幼，祖制未有，所以这太子的职位就一直空着。

空了多久？直到万历二十九年（1601），这时朱常洛已经二十岁了。这年十月，不知道为什么，万历帝终于下旨，正式册立皇长子朱常洛为太子，"争国本"事件正式结束。

大相由衷地为这个帝国高兴，太子，就是朝廷的未来和希望啊。

他恭谨奏道："臣奉役藩封，载驰道路，欣闻盛事，未睹旷仪，恭拟诗三章。"

"于昭皇明，十叶惟圣。引祚自天，敷祐厥命。百辟是钦，四方是正。咸建国本，以绥家庆。帝衍其昌，缵服其光……"

大相奋笔疾书，写就《皇太子册立诗》《皇太子冠礼诗》《皇太子婚礼诗》，满朝欢欣。

好事情自然要分享，因为如果你把快乐告诉一个朋友，你将得到两份快乐。

大相按捺不住心中的激动，便去造访恰在附近的朋友高正甫比部。

比部为刑部司官职，掌赋敛、俸禄、公廨、勋赐、赃赎、徒役课程、逋欠之物及军资、械器、和籴、屯收所入，是个有实权的官儿。但这位高比部显然是个不怎么会"捞"的人，家宅堪称蜗居，也没啥家具，只是墙壁上的书画和书架上的卷籍显得格外打眼。

"大相你说的是真的？皇上真的册立皇长子了？"高正甫也是欣喜异常。

"珍珠都没咁（这么）真。"大相笑道，"皇上已经下旨了，十月皇长子受册，十一月行冠礼，来年春二月纳妃。"

"哎哟，这下柳暗花明了。"高正甫兴奋得一拍大腿，道，"此乃定国家之大计，固千秋之基业啊。"

大相亦道："天下之本定，元良之体备，斯乃磐石之宗，维藩之固者也。"

"不容易啊，连年来多少臣子上疏恳请，都没个结果。"高正甫感慨道。

大相深表赞同："是啊，往者廷臣念震器之为重，虞储位之久虚，连章上请，盖非一日。如今终于否极泰来，实在可喜可贺。"

日已过午。

说到祝贺，自然要吃饭、喝酒。

只是这位高比部实在太清廉太清贫，准备来准备去，只整出几味青菜来。

"不好意思啊，使君大人见笑了，没啥佳肴下酒。"高比部显得很不好意思。

大相毫不介意地一摆手，道："有如此天大好消息佐酒，何需佳肴？"

高比部家新酿的苞谷薄酒倒有几升，两个好朋友喝着却喝出了玉液琼浆的感觉来。

乘着酒兴，大相作《过高比部正甫斋中小酌无肴，因共作贫仕诗》助兴。

> 黔娄过原宪，无事苦留宾。
>
> 不识今朝贵，还疑旧隐沦。
>
> 羹蔬胜肉味，酌醴比醇醇。
>
> 丘壑道常在，田园情更亲。
>
> 双钩窗下草，数卷架中尘。
>
> 金马喧何避，桑枢辙屡新。
>
> 饭儿同脱粟，衣仆尚悬鹑。
>
> 有室堪容膝，无财可累身。

黔娄：春秋战国时期鲁国有名的隐士，鲁恭公曾聘之为相，被其拒绝,后隐居于今济南千佛山。一生安贫乐道,励志苦节。晋陶潜《咏贫士》诗:"安贫守贱者,自古有黔娄。"

原宪:字子思,孔子七十二贤弟子之一,出身贫寒,个性狷介,不与世俗合流,生活极为清苦,后作为贫仕的代称。

旧隐:旧时的隐居处,亦指昔日的隐士。

双钩:中国画技法名,大多用于工笔花鸟画。用线条勾描物象的轮廓,通称"钩勒",因基本上是用左右或上下两笔勾描合拢,故亦称"双钩"。

金马:指金马门,汉代国家藏书之所,亦借指翰林院,此处喻豪门。

桑枢:以桑木为门之转轴,喻指贫寒之家。

脱粟:糙米,未加精制的米。

悬鹑:典出《荀子·大略》:"子夏家贫,衣若县(悬)鹑。"因鹌鹑毛斑尾秃,似披敝衣,故以"悬鹑"比喻衣服破烂。

容膝:仅容得下双膝,形容地方极小。

我来拜访朋友高正甫,并一起饮酒聊天。两个穷儒生,连置办鱼、肉之类下酒菜的钱都没有,哈,这感觉就像是黔娄去拜访原宪一样。

想想也觉得可笑,这哪里是做官的人啊,如果别人不知道我俩身份的话,或许还以为是两个潦倒落魄的家伙呢。都说做官可以发财,谁能想到还会有我们这样的人呢?当了官反而甘于固守贫穷呢?

虽然菜贱酒薄,但是对我们来说,却胜于那甘醇美酒和大鱼大肉,因为只有甘于穷困贫贱才能显出高尚节操。平时穿着打满补丁的破旧衣服,用粗糙的米饭来养育子女。虽然条件艰苦,但是我们并不羡慕那车马喧闹的豪门之家；因为生活在这柴门棚扉之内，却可以了无牵挂地安心读书作画，自适自娱。

物质的追求愈强烈，精神的追求就愈贫乏。对于我们来说，只要有一处容身之地即可，没钱就没钱吧，正好免得累及自身而有所牵挂。

"无财可累身，无财可累身，好，好。"两个老朋友相视哈哈大笑。

或许，正是这样的人，才是大明希望之所在啊。

调
迁

　　万历三十二年（1604）六月，大相风尘仆仆回到京城。此时京城的朋党之争愈演愈烈，终将有一场风波等着他。

　　区大相两次出使，第一次近一年，第二次一去三年多。

　　一方面说明他受皇上的宠爱，另一方面也说明他的地位不是那么重要，可有可无。

　　但有人却不这样认为，比如上司大学士大人，刚开始就不同意大相出使，说现在要编前朝史志，人手少，不能去。大学士正五品，平时热衷于钻营，和大相没啥交集。

　　大相据理力争："今开局编纂，所据者累朝实录与诸司职掌耳。至于郡国政俗利病，非询访不能备。"

　　大相的意思是说现在编写的东西，都是以前资料或者各个部门报送的材料，至于各地政务风俗好坏的实际情况怎么样，那是一定要经过实地考察才能得到的。

　　"由是得行。"这样才同意大相去出差。

　　上朝第一天，大相刚回到文渊阁，左赞善大人就抱着一大堆材料堆在大相办公桌上，堆得如山高。左赞善是从六品，比大相低半级，已经快六十了，年纪大，脾气也大，仗着和大学士大人是同乡，对谁都看不惯。

"自己去游山玩水，活都让我们干。"左赞善大人很不满。

大相也不满地说道："我是奉旨使藩，去考察地方民生风俗，为何说我是去游山玩水？"

左赞善道："你不陈时政，只是放情游咏，这是荒于游而溺于职。"

大相漫应道："古者史官陈诗采风，以观国俗，里歌巷谣猥杂并载，从而让朝廷知道民间的实际情况。左赞善大人所谓放情游咏，实乃陈时政也。"

左赞善一撇嘴："你们写诗的，总是把诗说得那么冠冕堂皇，那么天花乱坠。"

大相哑然失笑，他坐端正了，准备好好给这位左赞善大人上一课："《诗》三百，讲的就是民风，诗亡即风亡。王者不采风，诸侯不贡俗，则赏罚不行，故亡。故仲尼述史三而诗并列焉。夫《关雎》本王风之所以兴也，《黍离》本王风之所以衰也，是风人之义也。今陈诗之官久缺，如大人之言，放情游咏无补于时政，但你们不知道的是，其事终不可废！"

左赞善无言以对，只好转移话题："这些材料过两天大学士大人要过目，你赶快整理，别耽误了。"

大相无奈地摇摇头，叹了口气，翻开一册卷帙。

有人说，朝廷犹如江湖，绝不缺少对手和敌人。

万历三十三年（1605）是乙巳京察，这次京察由吏部侍郎杨时乔主持。杨时乔是东林党人，于是借着此次机会，大力抨击浙党。事态扩大，给事中侯庆远、御史叶永盛、吏部员外郎贺灿然、南京兵部主事庞时雍、南京吏部给事中陈良训、御史孙居相等先后上书弹劾沈一贯的累累罪行，此次事件被称为"京察之争"。

党争不息，朝廷不得安宁，把一场严肃的绩效考核搞得沸沸扬扬、乌烟瘴气。

本来这些并不关区大相什么事——不过也要看你怎么看，比如左赞善大人，他就认为，沈一贯庇护区大相，纵容他纵情山水，放情游咏，不务正业（修史）。

至于理由嘛，他们曾经做过邻居，必然经常走动，必然关系亲密，必然是朋党。

以区大相的耿直性格，称呼人少得罪人多，遭人忌恨自然不奇怪。

"嗟彼谗人，不知陈诗采风为何物，恶用是放情游咏，为而媒孽其衅者速化宦寮。"后人这样记述大相的调迁。

那些说人坏话的小人，不清楚陈诗采风的重要性，借端诬罔构陷，说区大相出使藩属只是一味游乐，玩忽职守。

其目的自然是排除异己，自己能快点升官。

果然，左赞善很快就变成了左中允大人了。

而区大相则被调离翰林院，去南京太仆寺任职。

"坐京察，出南京太仆寺丞。"

也就是年终考核不合格，领导批示：调职。

南京是明代的第二首都，从六部到都察院，所有北京有的中央机构它都有。但毕竟皇帝大人住在北京，所以除了南京户部（管理南京户籍）和南京兵部（统领南京军队）外，大多数机构都是摆设。一般说来，只有在北京混不下去的人，才会被发配到南京，美其名曰"养老"。

作为无党派人士，区大相为避沈一贯而迁家，最终却还是因为沈一贯的朋党之争而被调职。

我不杀伯仁，伯仁却因我而死，世事真是讽刺。

女由美容妒，士由美名毁。

大相"嘿不引辩，随牒往任"。不辩解，但写几首小诗还是可以的。

> 伿斯恪斯，我仪孔嘉。
>
> 惕斯勤斯，我德靡瑕。
>
> 爰敕我躬，日闲我家。
>
> 庶几夙夜，以保靡他。

我相貌堂堂，恭谨庄重；我品德无瑕，警醒勤勉。为什么无故调我出翰林院，去那个养老的地方？我日思夜想，不知道啥原因。

> 毁玉为珉，诬舜为跖。
>
> 云胡不造，负此谗慝。
>
> 在昔有训，顽谗是圣。
>
> 奈何邦家，长此蟊贼。

把美玉说成石头，诬陷圣明的虞舜是残暴的盗跖，这就是你们这些邪恶奸佞之人所做之能事。唉，我为什么这么不幸呢？遭此谗言陷害。古代已经有训诫，愚妄奸佞之人是国家的大害，为什么我们的朝廷会有这么多这样的蟊贼呢？

> 道之丧矣，谗人是命。

俗之讹矣，谗言是听。

夫惟仁人，去谗远佞。

放之流之，四国是正。

世风日下，道德沦丧，谣言四起，奸谗当道。有德行的君王，应当把那些进谗言的奸佞小人发配流放，这样天下才会有朗朗正气啊。

然而，世事弄人，放之流之的不是奸佞小人，却是区大人。

砧声忽送关山月，
一夜归心向岭南。

【第三章】

南京

太仆寺丞

太仆寺原是主管皇帝车辆、马匹的中央官署，后逐渐转为专管官府养马事务。太仆寺主官设卿一人，从三品，副职为少卿，二员，正四品或从四品，寺丞六员，正六品，主簿一员，从七品。

太仆寺丞，相当于助理弼马温，和左中允同为正六品，从级别来说属于平调，也不算降级。

虽说是平调，但完全不合大相的兴趣，专业也不对口。太仆寺属兵部管辖，真可谓秀才遇到兵，区大相心灰意冷，作长歌《被弹将南行作二十四韵》：

> 平生怀耿介，才识非通饶。
>
> 徒以乡闾誉，谬蒙明主招。
>
> 壮图依日月，长策起渔樵。
>
> 迂薄妨贤路，疏庸负圣朝。
>
> 遭逢良匪偶，谗构谅无繇。
>
> 自省文儒望，何干俗吏条。

含情常脉脉，负谤实哓哓。

大雅颓孤响，良朋失久要。

高林动风叶，平陆涌波潮。

众口金徒铄，群言石可漂。

青蝇点圭璧，斥鷃议鹏雕。

不量叔孙武，其如公伯寮。

小来交易合，大往道宁消。

鸿渐仍于木，莺迁暂下乔。

马曹官始调，虎观秀曾翘。

思就南溟息，期从北海超。

冰壶元自洁，瑶瑟讵更调。

直道无妨黜，浮荣从见剽。

有怀常不寐，独酌谩成谣。

鬓发思君变，丹心去国摇。

盈虚时所昧，倚伏理恒昭。

胜负争蜗角，功名覆鹿蕉。

离群友鸾鹤，委佩杂兰苕。

畏路今何畏，讙兜更有苗。

文儒：指讲求礼乐教化的儒生。唐李白诗：“赵俗爱长剑，文儒少逢迎。”

大雅：《诗经》的组成部分之一，谓诗歌之正声。“雅者，正也，言王政之所废兴也。”唐李白《古风》：“大雅久不作，吾衰竟谁陈？”

叔孙武：姬姓，叔孙氏第八代宗主，名州仇，谥号曰“武”，史称叔孙武叔。东周时期诸侯国鲁国司马，是孔子的敌人之一。

《论语》有"叔孙武叔毁仲尼"记载。

公伯寮：公伯氏，名寮，字子周，春秋末年鲁国人，与子路同为鲁国正卿季孙氏的家臣。曾出卖孔子，诋毁子路。

鸿渐：即"鸿渐于木"，《易经》渐卦中的一个爻词。意思是说一只鸿雁为了寻找未来，在高高的天空中飞翔。第一次落在水边，受到了人的戏弄；第二次落在一块大石头上，得到了食物和休息，但接受别人的施舍不是它的志向；第三次落在一块平地上，虽然这里宽阔，但人海茫茫敌人很多，极不安全；第四次它落在了一棵高高的树上，站在一个大大的树丫上，它要在这里好好想一想，确定下一步前进的方向。

莺迁：喻仕宦的升迁。唐《卢正道碑》有"鸿渐于磐，莺迁于木"句。

马曹：管马的官署，多用以指闲散的官职或卑微的小官。宋苏轼诗："数奇不得封龙额，禄仕何妨有马曹。"

虎观：白虎观的简称，为汉宫中讲论经学之所，后泛指宫廷中讲学处。明夏完淳《大哀赋》："备礼乐于虎观，绝烽火于狼烟。"

鬒发：稠美的黑发。唐杜甫《昔游》诗："虽悲鬒发变，未忧筋力弱。"

丹心：赤诚的心。宋文天祥《过零丁洋》诗："人生自古谁无死，留取丹心照汗青。"

盈虚：盈满或虚空，谓发展变化。《庄子·秋水》："察乎盈虚，故得而不喜，失而不忧。"

倚伏：意谓祸福相因，互相依存，互相转化。《老子》："祸兮福之所倚，福兮祸之所伏。"

覆鹿蕉：即"覆鹿寻蕉"。《列子·周穆王》记载：郑国人在野外砍柴，看到一只受伤的鹿跑过来，就把鹿打死了，他担心猎人追来，就把死鹿藏在一条小沟里，顺便砍了一些蕉叶覆盖。天黑了，他想找到死鹿扛回家，可惜怎么也找不到，于是他只好放弃，就当作自己做了同样的梦罢了。他不是把真实的事当梦，便是把梦当真实的事儿。后以"覆鹿寻蕉"比喻恍惚迷离，得失无常。

骧兜：中国古代神话中四大魔兽（共工、骧兜、三苗、鲧，又称四凶）之一，相传为尧舜时的部落首领。

我虽然才学见识不高，但平生正直不阿。我也只不过是个南蛮之地的乡巴佬，当今圣上英明蒙获召唤，我感激万分，欲建立一番功业报效朝廷，去民间采风，了解百姓疾苦，向圣上献计献策。但因迂腐浅薄，我妨碍了同事的阳关路，我的奏疏平庸也辜负了圣上的厚意。所以我的遭遇不是偶然的，被别人谗害构陷也不是没来由的。但在夜深人静之时，独自反省，我兢兢业业做事，踏踏实实做人，又得罪了谁呢？我一个小小的文人，一个才智凡庸的小官，值得你们唠唠叨叨，费尽心机落井下石吗？众口铄金，群言漂石啊。一点儿苍蝇屎就能玷污洁白的玉璧？燕雀又安知鸿鹄之志？你们这些叔孙武、公伯寮之流的小人啊，整天为了点蝇头小利钩心斗角，而不顾国家朝廷之大义，有什么意思呢？木秀于林，风必摧之；行高于人，众必非之。我区大相想当年也曾是白虎观的翘楚，现在居然要去南京做弼马温！我挥挥衣袖，要走了，但我一片报效朝廷的赤诚之心永不会变，圣上年富力强，希望您能革新图变，励精图治振兴大明啊。我一心向明月，奈何明月照沟渠。一片冰心在玉壶，质洁本清岂能移？从来荣华富贵都是给小人剽窃的，我因正直之道被贬又有何妨？世事无常，祸福难说，得不足喜，失不足忧。我如一只鸿雁企（站）在高高的枝头，要好好想一想下一步前进的方向。算了吧，我还是去那南溟北海之地，佩戴着兰花香草，与鸾鹤为伴吧。

我以前对人生前行的路充满恐惧，但从今天开始，再也不会害怕了！

同行的汪公干与区大相并肩策马，徐徐而行。怀瑞与怀年已在外读书，妻子带着女儿们坐在后面的车上。

"有什么好可惜呢，出任就出任呗，哎，大相，你不知道我们滁州有多美，环滁皆山也……"

"醉翁之意不在酒，在于山水之间也。"大相与汪公干相视而笑："欧阳公好雅兴。"

汪公干道："那琅琊山上欧阳公的醉翁亭还在呢，我们到时也可以曲水流觞。"

大相拱手道："多谢汪处士①美意。"

汪公干和汪和叔兄弟俩是区大相在南京读书时认识的朋友，才学俱佳，但讨厌官场的污浊，隐居不出仕，时人称"处士"。他们经常和大相、董其昌等文人雅士在一起，诗文唱和。这次大相被贬，汪公干非要陪着他一起赴任，大相感慨道：

> 吾昔游上都，邂逅得二汪。
>
> 谬蒙倾盖知，所知遂不忘。

---

① 处士指古时候有德才而隐居不愿做官的人，《史记·殷本纪》："或曰，伊尹处士，汤使人聘迎之，五反然后肯往从汤，言素王及九主之事，汤举任。"

既我晚际遇，翰墨颇见长。

二汪适不偶，空谷有芬芳。

栖迟恋衡门，隐迹寄卖浆。

相与讨文义，昕夕共徜徉。

笙竽间琴瑟，歌吹六艺场。

今予遭薄谴，于世尽炎凉。

惟子不忍弃，时来访行藏。

古人叹罗雀，今乃见糟糠。

予适有远行，相送千里疆。

……

人都说世态炎凉，一日失势，门可罗雀。如今我遭遇外迁，你却不离不弃，千里相送，真是患难见真情啊。

汪公干接着介绍道："我朝重视马政，太祖皇帝占据应天（南京）之后，即令在江淮地区大量繁养马匹，置群牧监于滁州。洪武六年（1373），又下诏在滁设立太仆寺，统于兵部，专门管理马政，正式订立养马之法，命应天、庐州、镇江、凤阳等府，滁州、和州等地军民养马。成祖皇帝迁都北京之后，置北京太仆寺，而以原置在滁州者称南京太仆寺，与北京太仆寺划疆而治：顺天等府及山东、河南马政归北京太仆寺管理；两淮及江南马政归南京太仆寺管理。"

在冷兵器时代，马匹是行军作战和运输物资必不可少的战略储备，马匹的繁衍关系国家兴亡，因此历代王朝都非常重视马政。当年朱元璋之所以选择在滁州设立太仆寺，是因为滁州是朱元璋起兵之后攻克的第一座城池，他曾在此驻扎十个月，运筹帷幄，祈天谋人，培植亲信，扩充势力，奠定了推翻元政权的军事政治基础。滁州的父老乡亲敦厚质朴，堪当信任，曾为义军的可靠后方。此外滁州地理位置优越，与南京一江之隔，对南京具有拱卫作用，江淮各州县马匹来此地验查，就近征用方便易行，无须渡江前往南京。朱元璋称帝后，以应天府为南京，开封府为北京，滁州成为京畿辅地，被誉为"开天首郡"。

行道迟迟，终于抵达滁州。

太仆寺署衙坐落在层峦起伏的丰山脚下，旁边两条溪水流过，山环水绕，草木丰美。寺署正堂五间，前后厅及穿廊三间，东西为库房、主簿厅，官舍环列左右。寺西有司马神庙，祭祀着马神。寺左右则为马厩、营房、牧马山场。

平坦宽阔的校马场上，拴着几匹膘肥体壮的骏马，颈上披散着长鬃，毛色闪闪发光，煞是漂亮。

果然山水古滁阳。西南望去，连绵数十里，峰峦叠嶂，深涧生烟，漫山雾气升腾，云卷云舒。大相不由吟道：

> 环滁山不断，西尽白云封。
>
> 遥辨金陵气，知从泗水龙。
>
> 河冰妨渡马，涧雪倒枯松。
>
> 侧想涂山会，来王万国宗。

金陵气：即"金陵王气"，金陵为古代南京别称，南朝谢朓诗："江南佳丽地，金陵帝王州。"

泗水龙：泗水古代是淮河支流，又名淇水，流经盱眙县、沛县等地，乃朱元璋、刘邦故乡，被认为是龙脉。

涂山会：即大禹在涂山大会诸侯之事，史称"涂山之会"，成为夏王朝建立的标志。《左传》载："禹会诸侯于涂山，执玉帛者万国。"

来王：指古代诸侯定期朝觐天子。《尚书·大禹谟》载："无怠无荒，四夷来王。"

恰值隆冬时节，我来了滁州上任。河里结了薄凉的冰，马匹难以渡行，山涧中堆满了皑皑白雪，厚厚的积雪把松树的枯枝都压断了。滁州城果然如大文豪欧阳修《醉翁亭记》所说："环滁皆山也。"极目西望，只见白云皑皑缥缈。遥望金陵王城，才明白龙脉之气是由汤汤泗水而来。突然想起，夏王朝时候，大禹王曾于涂山大会诸侯，万国来朝，何等壮观。

唉，如果我大明王朝能够励精图治，应该也会有如此气象吧。

诗集

太仆寺丞有好几个，鉴于区翰林识文断墨，那就管记账吧，也就是记下昨天进了多少石草料、饲料，今天收了多少匹儿马、骒马。

无聊是无聊了些，不过却也清闲。

闲暇之余，大相便拿出出使淮藩、周藩时所作诗文赏玩，彼情彼景历历在目，想那时尚在翰林院，意气风发，叹如今……唉，时哉不我与，宁为燕雀欺。

这一日恰好汪公干造访，见到大相诗文，不由惊叹道："从古作者羁游登咏，人不数篇，未有若此盛者。"

使淮藩，"是役也，得诗近三百篇，赋一、记二"。

使周藩，"往来所历辄纪以片言，而附以还家所作，共得诗歌杂体近四百篇"。

也就是说，大相两次出使共作诗近七百首！

惊叹之余，汪公干建议道："不行，这么多这么好的诗，要流传后世才行，我且和兄长商量下，咱去南京刻印出来。"

大相作诗本是自己抒怀和好友寄情，听汪公干如此一说，也不由心动，但又不好意思，佯推辞道："我本是自娱自乐，文采非惊世，罢了吧。"

汪公干了解好友性情，坚持道："你先整理着，如某处得某诗，具述所由。其他的事交给我办就可以了，你不用操心。"

中国的资本主义萌芽始于明代中后期，手工业生产在整个封建经济中的比重进一步增加，印刷业也进入兴盛时期，印刷技术精湛，涌现出一大批图版雕刻高手，木活字、铜活字被广泛应用，印刷规模大、品种多、地域分布广。朝廷十分重视印刷业，最大的印刷部门是司礼监和国子监，此外，如礼部、户部、都察院、大理寺、兵部、工部、钦天监等部门也都从事印刷业。由于商业、手工业的繁荣及社会文化的发展，民间对书籍的需求量大增，民间印刷业也迅速发展，品种除经史子集外，平话、小说、戏曲故事及各种通俗读物都大量刻印。

明代的民间印刷业相对集中于江浙一带，这与该地区经济文化发展的领先优势是分不开的。以南京为中心，这里汇集了许多娴熟的匠人，具备一流的印刷技术，为行业兴盛提供了可靠保障。鼎盛时期南京有书坊近百家，是全国书坊最多的地区。浙江金华府人、万历时期著名的学者、诗人和文艺批评家胡应麟记载："金陵擅名文献，刻本至多……凡金陵书肆多在三山门街及太学前。"

未几，书成。

区大相抚着精美的书衣，嗅着甜美的墨香，满心欢喜，但又不好意思表露。说道："好事者遂携至南都，窃而刻之，予不能止，并述所以作之意如此。"意思是说，我都不想出书，是他们多事，偷偷拿去南京印刷出版了，拦都拦不住——大相真可爱。

区大相才思敏捷，文章高雅，诗意超逸，他奉册淮藩、周藩，足迹历齐晋吴越嵩洛衡湘。"土风遗迹，民瘼国计，咸著篇咏，馆阁以来所未有也。"从现存的区大相诗作来看，内容大多取材于他在各地采风所得，贴近社会生活，反映百姓疾苦。

"文章合为时而著，歌诗合为事而作。"区大相一生最重要的贡献，就是改变了明代诗坛的写作风气。崇祯《肇庆府志》说："明兴，前后七子称诗号翰林为馆阁体，大相始力祛浮靡，还之风雅三百篇，以至汉魏盛唐各造其极，陈言习气为之一变。"

所谓"馆阁体"，又称"台阁体"，指明代永乐至成化年间，以杨士奇、杨荣、杨博等为代表，由内阁与翰林院等台阁重臣所撰诗文，强调"雅正平和"，内容多反映上层权贵生活，以应制、唱和为主，缺乏对社会、百姓的关怀。

文章关乎气运。区大相几乎以一己之力，扫除了这种绮靡诗风，他主张"还之风雅"，倡导写诗要关注"民瘼国计"，即关心社会现实，始终把百姓的冷暖装在心中。他以采风，即实地考察之经历撰写了大量反映社会现状的诗作，有筋骨、有道德、有温度，直指人心与国脉，对岭南诗派的健康发展起到了重要作用。

"诗亡则风亡。"区大相把采风陈诗看得与采史、陈时政同等重要，看作是事关国家兴亡的重大事情。区大相在出使过程中，自觉深入百姓生活，了解他们的顺境和逆境、梦想和挣扎，所以他的许多诗作都反映了百姓心声，充满着对百姓命运的悲悯，对百姓悲欢的关切，体现了一位岭南文仕忧国忧民的情怀。

区大相，堪称"岭南诗圣"。

明思宗崇祯时诗人朱彝尊读到区大相的诗集，赞道："海目持律既严，铸词必炼，其五言近体，上至初唐四杰，下至大历十子，无所不仿，亦无所不合。如纯钩初出，拂钟无声，切玉如泥，又如铙吹平江，秋空清响。"

万历时的探花、崇祯年间的礼部右侍郎、南明弘光政权礼部尚书、永历政权东阁大学士兼兵部尚书陈子壮，亦称赞道："自庆、历以变，庞言日出，雅义斯沦，得先生之力而振之。"

"诗自三唐以来，所号为大家正宗者几何人？几何篇也？如先生之心手相应，音节和谐者，盖亦寡矣。"

"中原七子逐波竞余，楚咻方扇，渐入侏离，而区先生柱而正之，其势綦难而功綦伟。"

"其诗特盛，盖家能诵，人能说矣。"

广东南海人陈子壮，明亡后举兵抗清，兵败，惨遭锯刑，与陈邦彦、张家玉合称"岭南三忠"。《广东通志》中把他与东晋程旼，唐代韩愈、张九龄，北宋刘元城、狄青，南宋文天祥、蔡蒙吉合称"广东古八贤"。

明末清初著名学者、诗人，与陈恭尹、梁佩兰并称为"岭南三大家"的屈大均，在其《广东新语》中说："岭南诗，自张曲江倡正始之音，而区海目继之，明三百年岭南诗之美者，海目为最，在泰泉、兰汀、仑山之上。俾世之言诗者知吾粤，言粤诗者知区氏焉。""泰泉"是指有"粤中昌黎（韩愈）"之称的香山人黄佐，"兰汀"是指顺德梁有誉，"仑山"是指南海欧大任，后两位都是当时有名诗人，与黎民表、吴旦、李时行等结成享誉诗坛的"粤山诗社"，人称"南园后五子"，也称"南园后五先生"。

言粤诗者知区氏

清中叶著名女诗人汪端在其《明三十家诗选》中称赞区大相的诗："思深而不苦，律细而不狭，气壮而不厉，调高而不浮。乐府蕴藉，五言高秀，掩欧梁之前轨，开陈屈之先声，诚岭南风雅领袖也。""欧梁"指的是欧大任、梁有誉，"陈屈"指的是陈子壮、屈大均。

清乾隆时内阁学士、礼部侍郎翁方纲，任广东学政时，读到区大相诗集，赋诗勉励学子们向区大相学习。

> 我慕区用孺，五言最清壮。
>
> 粤人品其诗，谓在兰汀上。
>
> 五言原汉魏，至杜始雄放。
>
> 谁能总众流，波澜特浩荡。
>
> 此道探原委，亦要英华酿。
>
> 譬彼岩下泉，嘈呕响春涨。
>
> 虽云流派殊，终必定趋向。
>
> 岭南风雅区，今当嗣高唱。
>
> 为尔启一隅，期尔光万丈。
>
> 聊举端州贤，后学毋相让。

诚如前文所说，正是仕途的不如意，成就了区大相诗坛的辉煌。

中国历史长河中，六七品的官员不可计数，但留以诗名的恐怕只有区大相了。

正如陈子壮所言："前乎先生，后乎先生之充是官者，比比无算也。而先生独以官名而不愧，犹之诗也。"

做官，问心无愧；作诗，天下闻名。

痹疾

滁州为六朝京畿之地，自古有"金陵锁钥、江淮保障"之称，吴风楚韵，气贯淮扬，既富江南美景，又有淮左秀色。名山、名亭、名祠、古关、古寺、秀湖、美洞遍布，琅琊古刹、丰岭祥云、清流瑞雪、重熙洞天、石濑飞琼等美不胜收。特别是有"蓬莱之后无别山"美誉的琅琊山，林壑幽美，溪流淙淙，密林之中掩映着建于唐代的琅琊寺和建于宋代的醉翁亭，最宜登涉。后世文人墨客崇敬欧阳品格，比况醉翁之乐，徜徉其中，寻幽记胜，传承诗文，题刻以碑碣、崖壁，更增滁州人文之胜。

大相本来就好丘壑之游，反正清闲，于是两年多的时间，政暇之余，附近名山秀川游历殆尽。

"生平丘壑意，到此即情畅。"

不过，最近大相却没有出游，因为老毛病又犯了。

风痹——又痛风了！

上次出使周藩之时，就是风痹症犯了，折腾了一年多才回京，结果授人口实，落个调迁的下场。

一大早，朋友汪公干便过来探望，见有客人来，卧病在床的大相想要起来，刚一欠身，一阵锥心之痛由脚趾传来，痛得他龇牙咧嘴——哪里有昔日的儒雅翩翩？

汪公干连忙跑过来，小心地扶大相重新躺下，看大相的脚，肿得老高，红紫发亮，宛如三秋时节一只熟透的肥蟹伏在脚背，正好下酒。

汪公干关切地问："感觉怎么样啊？"

大相苦笑道："刀割焉，虎噬焉，灼烧焉。"

没经历过痛风的人难以体会其中百转千回的滋味，痛风痛风，风儿一吹，就痛得要命，故名。

痛入骨髓、剥肤之痛亦难以形容，痛不欲生之余，除"抱足痛哭"以外，别无他途。

古代痛风多好发于帝王将相，故又有"帝王病"之说。

我们现在知道，痛风为高尿酸血症。因为吃得多，喝得多，身体里嘌呤分解代谢后形成的尿酸异常升高，尿酸若不及时排出，进一步积聚会形成结晶，这些结晶沉积于关节及其周围组织等，从而引起痛风性关节炎等，导致骨关节病变和骨关节活动障碍与畸形。

"唉，怎么得了这个帝王病？"汪公干道，"大夫是怎么说的？"

"说是外邪侵袭、脾胃失化、饮食不节所致。"大相指着桌边："喏，已开了宣痹汤，药方在那里。"

痛风中医谓之湿邪，归属"痹证""历节"的范畴。认为多为感受湿热之邪，湿浊内生，日久化热，痹阻经络关节而致病。《灵枢经》云："病在阳者命曰风，病在阴者命曰痹，阴阳俱病命曰风痹。"

宋苏辙《记病》诗云："侵寻作风痹，两足几蹒跚。"

汪公干拿起药方，只见上面龙飞凤舞地写着方子：薏苡仁三钱、川牛膝三钱、苍术二钱、芡实六钱、黄芪四钱、老鹳草二钱、威灵仙二钱、泽泻二钱、甘草二钱。

汪公干道："都是些清热祛风、通络利湿之药——那饮食不节指的什么？"

大相郁闷地回道："就是不给饮酒。"

"那人生可少了不少乐趣啊。"非常了解大相的汪公干十分惋惜地说道。

饮酒之所以诱发痛风，是因为酒的嘌呤含量高，会引起尿酸升高。同时，酒中的乙醇一方面会促使尿酸生成，另一方面会刺激人体合成乳酸，抑制尿酸排泄，从而导致痛风。

大相喜欢喝酒，朋友们都知道。

他自己也说："予性不能酒，然喜酒，又喜人饮酒。居常客不至，或客至不能具觞，终日谈无趣味。"意思是说，不喝酒就找不到共同语言。

不喝，无话可说；喝了，无话不说。

大相所作诗中，与酒有关的诗不下百首，真所谓"斗酒诗百篇"。如："贫居闻亦乐，诗酒过平生。""避人常谢病，得酒便呼朋。""把酒思文友，临池想墨卿。""饭香炊晚稻，酒熟斫鲜鳞。""家酝自堪成一醉，不须酤酒过西邻。""把酒萧条眺远峰，削成青壁秀芙蓉。""名贤须对酒，留客共题诗。""新年诗酒兴，携赏入山池。""大醉不知身何处，酣歌只觉兴如飞。"……

所以，汪公干总嗅着大相的诗集，戏道："好大股酒味。"

所谓好了伤疤忘了痛。脚一不痛，大相又拄着拐杖，"将寻醉翁去"。

古来贤达皆寂寞，莫使金樽空对月。

朋友们明白他的失意，所以也没有尽劝他别喝，喝就喝吧。

牢骚但可凭诗遣，磊块惟堪借酒浇。

愁来夫如何，醉饮酒一石。

疼痛如期而至，肆虐身心。长年漂泊在外，经常因足痛夜不能寐的大相，愈发思念家乡。

遥远的阮埔村啊，池塘里的荷花正开得鲜艳吧，村头的树上应该挂满了荔枝吧，哥哥、弟弟和侄子们都还好吧。

> 千里蒹葭抹夕岚，几群鸿雁度澄潭。
>
> 砧声忽送关山月，一夜归心向岭南。

夕岚：暮霭，傍晚山林中的雾气。

鸿雁：俗称大雁，比喻兄弟。

砧声：捣衣声。

关山月：汉乐府曲名，抒发伤离怨别的情景。

傍晚时分，我在这江南的一方水潭边闲步，但见蒹葭翠微，在暮霭中摇曳，几群大雁飞过澄清的水面，水光潋滟，景色宜人。远处谁家的妇人正在捣衣，传来单调悠长的砧声，她可是在思念远行的亲人？突然风中又传来《关山月》的曲调，惹起我胸中无尽的乡思乡愁。

江南风光无限好，我这长年漂泊在外的游子啊，一心想回岭南去。

三年之后，万历三十六年（1608），区大相上书称自己有"痹疾"，辞官回家。

"则之滁阳，任三年，得风痹疾，乞归。"

"风痹忽我婴，形容顿销铄。为官既无分，上疏乞骸骨。"——痛风如影随形，折磨得我形容憔悴，做官也毫无成就，上书皇上辞职，让我这把老骨头埋在老家吧——前朝的李昱亦如是说。

其实大相之所以请辞，还有个原因，就是有一种深深的无力感。

南京太仆寺因管理马政而设立，它同时给滁州及江淮江南各地人民带来了沉重的赋役负担。自成化起，"改征银，马日少。至正德间，遂开纳马例，囷政大坏矣"。尤其到万历晚年，社会动荡，国力日衰，为筹备辽饷、剿饷、练饷等，官府加派课税，太仆寺为催督马价银两也日益横征暴敛。大相一个贬官，官轻言微，心虽不平却也无可奈何。

归去来兮，田园将芜，胡不归？

腿不能走，就坐船回去吧。

滁州渐行渐远，大相的心里也渐渐开朗起来。

> 舟行才几里，已觉清心魂。
> 高岸隐遥郭，平沙出远村。
> 鹤行汀有迹，云过水无痕。
> 渐喜闻渔榜，程程近故园。

船儿慢慢离开了滁州城，我心绪也渐渐沉静下来，只见高峻的山崖外有隐约的城郭，广阔的平原上是一座座的村庄，云影静静投在水中，一只白鹤在水边的沙地上悠闲地走过。

　　桨声欸乃，一程又一程，我的故乡又近了。

　　这一年，沈一贯终于被扳倒，叶向高出任首辅，东林党开始把持朝政，直至魏忠贤的阉党势力崛起。

问予归何乐，
躬耕仍读书。

【第四章】

故乡

田园

又看到了久违的父老乡亲，和离弃多年的家。

还是那熟悉的风景，还是那熟悉的味道。

廿年京国红尘梦。

二十年前，我从这里出发，前往京城，去追寻梦想；而现在，是结束的时候了。

富贵非吾愿，帝乡不可期。

因为兜兜转转，我终于明白自己想要什么，明白了什么才是人生最珍贵的东西。

实迷途其未远，觉今是而昨非。

是啊，早该回来了。

那叮当流淌的小溪在呼唤我，荔枝招展仿佛在向我问候，淳朴善良的乡邻在向我微笑。

美丽的故乡啊，我魂牵梦绕的地方。

> 平畴秀嘉卉，高堰递细涓。
>
> 烟火桑柘外，渔钓竹林边。

萝径绝洒扫，风磴乍攀援。

云霞薄樵岭，花木明潼川。

插槿护颓墉，激涧泻鸣弦。

夕圃摇佳蕙，遥林生晚烟。

田父四五辈，问讯丘中缘。

壶觞有深趣，兼无章绶牵。

抱瓮钦丈人，岩耕俪昔贤。

兹水洵乐矣，吾归将老焉。

桑柘：桑木与柘木。元张养浩曲："杨柳风微，苗稼云齐，桑柘翠烟迷。"

风磴：指山岩上的石级。岩高多风，故称。唐杜甫诗："窈窕入风磴，长萝纷卷舒。"

颓墉：崩塌的城墙。

壶觞：酒器。晋陶潜《归去来辞》："引壶觞以自酌，眄庭柯以怡颜。"

章绶：官印和系印的丝带。亦泛指官印。

岩耕：耕种于山中。借指隐居。

在那广袤的田野上，长满了美好的花草树木，涓涓细流淌过高高的堰渠，桑柘掩映之处，炊烟升起，秀美的竹林边，有个钓叟在垂钓，不知渔获如何呢？

长满绿萝的小径长期无人打扫，藤蔓遍地。晚风吹拂，心旷神怡，我攀登着岩石拾级而上的村前小山。云霞笼罩之下，远处西樵山诸峰在薄雾中变得模糊不清，再看美丽的家乡潼川，鲜花盛开，明艳可爱。倾颓的墙垣处，被开着花儿的木槿树遮盖，冲击而下的激流泻入山涧之中，如弹唱的琴声般悦耳。

夕阳西下，微风吹动苗圃中盛开的花朵，树林里弥漫出如烟雾般的暮色。这时，从远处走来几个从田中耕作归家的乡亲，我们互相问候，热情地打着招呼。

多么宁静、美丽的田园景色啊，此情此景此人让我心醉神迷。以后没有了官职的羁绊，我将在这里耕作、饮酒、读书，这是多么惬意之事啊。

对于大相的归来，最开心的莫过于大枢，自小兄弟俩感情最好，大枢一大早就守候在江边渡口。

"怎么没见七弟呢？"兄弟俩打完招呼，大相才发现少了一个人。

"他啊，还在书院忙着呢。"大枢介绍着，"你知道咱们这个弟弟，平生唯二事：一是崇正学，一是佐太平。放官归家之后，他灌园自足，潜心圣学。忽一日，梦见白沙夫子抚着他的背，赠给他两句诗：咫尺溪光谷口分，溪声传语隔溪闻——于是乎明心见性，神澄悟彻，创办了蓬山、苍溪两个书院，传授白沙夫子之学，每天忙得不亦乐乎。"

"哦，这样啊，"大相道，"找日我且去他书院看看。"

"以后大把时间，走走走，快回家。今天咱们吃鱼，我一早就在河堤鱼铺那儿拣了条大鲤鱼。"

甫入家门，只见院中桂花树的枝头，用柳枝挂住一条鲤鱼，足有三尺长。

"你们先歇着，喝会儿茶。我这就去把鱼做了，你知道我做鱼可是最拿手了——咱们喝酒、吹水。"大枢道。

大河流水何汤汤，中有鲤鱼三尺长。

独茧之丝不能钓，贯以杨枝谁致将。

兄谓食鱼必河鲤，出水鲜鳞宁有此。

盘餐称意不论钱，鲙事吾乡最为美。

呼童霜刃三四挥，香醪浮动雪花霏。

大醉不知身是客，酣歌只觉兴如飞。

……

　　咱家那宽广的西江，浩浩荡荡，只有这样的大河里才有这样的大鲤鱼吧，我猜想一根渔线肯定是钓不上来的，你看现在穿着柳枝一个人都拿不动。

　　兄长说，吃鱼还是要吃咱们西江河里的大鲤鱼，那鲜美的滋味没得顶。我问他这鱼要花不少钱吧，他说吃得开心便好，哪管它多少钱。

　　讲起做鱼那可是我们家乡最正宗了，只见兄长手挥利刃，刷刷刷，不一会儿，一桌色香味俱全的佳肴就做好了，令人食指大动。

　　美酒也倒上来了，飘浮在杯沿上的酒花乍起乍伏，清香诱人。

　　一壶浊酒喜相逢。

　　古今多少事，都付笑谈中。

　　亲情如此美好，那就举杯畅饮吧，那就放声欢歌吧。

　　喝醉了，就让所有不如意的往事，都随风。

　　…………

　　用过饭，大枢把大相带到一间池塘边的书屋，书屋新砌，尚有泥土的清香。书架明净，案几上摆着一架瑶琴，推开窗，正对着一片碧绿的池塘，有鱼儿在莲叶间嬉戏。书舍旁边是片竹林，石几上散放着几册古籍。遥望远处，可见起伏的南蓬山，阮溪水蜿蜒流向西江。

"这书舍如何？以后你就在这里读书吧。"大枢道。

大相感激地望着哥哥，口中说道："好，好，好……"声音渐渐黯淡下去。

"你可记得当年父亲为我们兄弟三人修的书屋？窗户下面还有棵芭蕉，雨夜读书时，那雨打芭蕉的声音煞是好听。"大相喃喃道。

"怎能不记得，后来拆掉时，村里的小童们都拿窗口的蚝壳做镜子玩耍呢。"大枢道。

"唉。"大相轻叹口气，突然低沉地问道："大兄的书屋还在吗？"

"还在。"大枢也低沉地回道："自从侄子们出外读书后，一直空着。"

"我想要那间书屋。"大相说。

明了弟弟的心思，大枢道："好，我带你去。"

> 书带草新绿，阶钱苔半生。
> 尘埃展旧榻，鸟雀聚虚楹。
> 有弟官皆达，群儿学渐成。
> 人琴竟已矣，含叹几时平。
>
> 弭节上兹楼，风光异昔游。
> 芸香充故栋，帘影上新钩。
> 雁序中年断，鸰原此日秋。
> 藏舟不可问，澶水恨悠悠。

书带草：草名。叶长而极其坚韧，相传汉郑玄取以束书，故名。

钱苔：一种丛生潮湿土壤的苔藓，状如金钱，故名。

人琴竟已：即人琴俱亡。南朝宋刘义庆《世说新语·伤逝》载："王子猷、子敬俱病笃，而子敬先亡。子敬素好琴，子猷便径入坐灵床上，取子敬琴弹。弦既不调，掷地云：'子敬子敬，人琴俱亡！'恸绝良久，月余亦卒。"后因以"人琴俱亡"为睹物思人，痛悼亡人之典。

雁序：亦作"雁行"，喻兄弟。雁飞前后有序，兄弟出行亦如此，故喻称。宋楼钥《祭叔父郴州文》："雁序雕零，门户亦替。"

藏舟：《庄子·大宗师》载："夫藏舟于壑，藏山于泽，谓之固矣，然夜半有力者负之而走，昧者不知也。"舟可负，山可移，后用以比喻世事变化无常。

久无人居，兄长书屋前台阶的石缝里，几簇钱苔已半枯了，新长出碧绿的小草，几只小鸟在门槛上啾啾鸣叫着。

我步入书屋，拍去床榻上的灰尘坐下来，房间里似乎弥漫着熟悉的芸香草香味，一弯新月初升起，在门帘上印下一只弯钩。

在这静谧的夜晚，思念英年早逝的兄长，我不由悲从中来。想起我们以前一起时的欢乐时光，让人如此哀痛。

世事难料啊，我心悲伤，如门前的湓水般悠悠不尽。

终于回来了，那布满尘埃的墙壁上还有大相曾经题过的诗句，以前种在墙边的竹子，随风摇曳，仿佛也在欢迎主人的归来。

在这熟悉又陌生的故园，每天早晨起床，推开窗户，清爽的西江风扑面而来，挟带着淡淡的鱼腥味，大相总要使劲嗅几下，感觉舒服极了。

极目远眺，映入眼帘的是田野、青山、竹林，四周一片绿油油，生机盎然。鸟鸣婉转，溪水潺潺。后院里的鸡豚嘈杂，牧牛发出悠长的哞叫。

邻里们用最地道的广东话打着招呼："早晨，饮茶未？食饭未？"乡音如此亲切。

阳光柔软，日子很慢，一天的美好由此开始。

走过红尘岁月，看尽人世繁华，这恬淡的生活，让奔波的灵魂得到诗意的栖居。

开轩望场稼，次第话桑麻。

入林乃共侄，举步即随兄。

或在花间小酌，或在竹下高谈，或击鲜绿沼中，或吟咏玉兰丛，这种欣喜无法形容。

这样的生活才是大相想要的。

> 菊黄稻又熟，秋事满郊墟。
>
> 正睹过江雁，因思纵壑鱼。
>
> 山瓢促家酝，野饭饱园蔬。
>
> 问子归何乐，躬耕仍读书。

现在很多人向往田园生活，追求"诗与远方"，他们想象的田园大概就是在乡间走几步，看着云卷云舒，劈柴、喂鸡，关心下吃的粮食和蔬菜是不是有机的……

其实远不是那么回事。

苟且不但有眼前的苟且，还有远方的无奈。

诗者，天地之心也，诗意不在远方，在于心中。

真正的田园并不是世外桃源，也不总是温情脉脉的婉约，大相记下了乡民们的艰辛无奈和对美好生活的憧憬。

正旦迎祥始，王春布令初。

幸逢新岁月，言返旧田庐。

帝祝无疆历，人看大有书。

频年困征敛，兹岁复何如。

正旦：农历正月初一，即春节。

无疆：无穷；永远。即家天下可以永远传下去。

大有：《易经》卦名，乾下离上，象征大、多。明徐渭诗："明年从大有，连岁却余殃。"

正月初一是新年的开始，全国上下一片祥和，这时朝廷要颁布新的政令，希望对百姓有利吧。

在这辞旧迎新的日子里，皇家翻着皇历，向上苍祷祝自己的天下可以万寿无疆，老百姓们也翻着通胜，祈求今年能有个大丰收。

可怜的百姓每一年都要为交不完赋税而愁苦，新的一年不知道会是怎么样呢？

那政治抱负中的挫折可以忘掉，名利场中的得失可以不管，隐居中的孤郁也可以丢开，但父老乡亲的苦难又怎能无视？

大相耕读自足，和百姓生活在一起，为他们的欢乐而欢乐，为他们的悲苦而悲苦，以其至真之性、至悯之情、至旷之怀，书写着真正的诗与远方。

书院

"问子容何减，忧时鬓欲苍。"

大相紧紧握住大伦的手，不禁热泪盈眶。

"没有啊。"大伦挣开哥哥的手，摆出一招"白鹤亮翅"，笑嘻嘻道，"我精神着呢，老虎都打得死只。"

大相破涕而笑："打得死只老鼠才真。"

两个加起来一百多岁的老先生，天真得如两个顽童。

"行啊大伦，穷且益坚，不坠青云之志。"大相竖起大拇指。

"兄长你回来得正好，正好把你一肚子的诗书学问去我书院晒一晒。"大伦拱手道。

"乐于效劳。"大相边作揖边打拱。

南蓬山位于阮埇村东北方向，毗邻西江，山势雄浑，花盛、草绿、水清、径曲、篱疏，别有一番云淡风轻的出尘景象。

大伦曾赋诗《登南蓬山》道：

> 晨登蓬莱山，命我二三友。

怀抱各清旷，稍厌从梦纠。

理策即嵚岑，延眺极原薮。

凉风荡衣裳，层峦映左右。

西岭翠千重，东山亘长阜。

齐云迥造天，回薄出南斗。

江流浩渟泓，横岛障倾溜。

洲渚跃波来，迅势若奔走。

远浦网轻烟，前村荫疏柳。

对景每自得，俯仰但搔首。

岭云与溪月，一一供吾有。

未知宇宙间，此乐可尽否。

还顾望霞圃，咏归及樵叟。

诘旦亦复然，兹游长负不。

　　清晨的空气格外清新，令人神清气爽。大相与大伦相携拾级而上，两旁林木郁郁苍苍，沿途蓝、红、黄、粉各色花朵与茂密的林木相映成趣，确实是个读书修身的好地方。

　　行不多久，见一园圃，门楣书"灌园"二字，两侧竹扉配对联：

　　　　无钱构台榭；
　　　　有地积烟霞。

　　字体遒劲，翩若惊鸿，一望便知是出自大伦手笔。

　　大相望向大伦，笑道："当年你离京之时我送你的诗，你用在了这里——倒也贴切。"

　　大伦亦含笑诵道：

何处谢纷哗，江村爱物华。

里中高士卧，溪上侍臣家。

野竹侵堤密，闲门向水斜。

无钱构台榭，有地积烟霞。

浦静渔收钓，林寒树噪鸦。

谁知彭泽径，不是武陵花。

诵完，大伦感激地望着大相，一脸真挚地道："多谢兄长勉励我，要学那五柳先生，恬淡自如、守志不阿，不与那世俗合污。"

又走了不久，来到中门，但见门额上两个颜体大字"孔宗"，两侧石柱刻联：

齐家治国平天下信斯言也布在方策；
率性修道至中和得其门者辟之宫墙。

亦是大伦手书。

大相赞道："孔宗，孔宗，以夫子为宗，这名字起得好。"

书院就在不远处，由门厅、廊庑、教舍围成四合院落。门厅两侧配联：

问礼存经曲；
陈诗间鼓钟。

左边悬一佛山镇的大铁钟，足有几百斤，墙壁上书一大字"惺"；右边的松木支架上，置一红漆大鼓，又称"戒晨鼓"。

入得门厅，只见天井内散布奇石，或立或卧，或俯或仰，位置妥帖，极尽丘壑之胜，此乃取圣人"仁者乐山"之意。

两侧廊庑有石几，上置雀梅、九里香、细叶榕、罗汉松诸盆栽，幽雅别致。

教舍明亮，靠天井一侧则无墙，代之以花格门窗装饰，阴刻以梅兰竹菊图案，盖为取光。门口有联曰：

> 考古证今致用要关天下事；
>
> 先忧后乐用心须在少年时。

学子们早已正襟危坐，静候着他们的先生。

大伦在讲案前坐下，轻击下戒尺，朗声说道："我们今天讲《圣学》。"

法尧舜之圣，在立尧舜之志，是以定圣志先焉。夫尧舜所以万世法者，非以其生而神圣也，正以其学而成圣，故足法也。三代之王，盖有志于尧舜而法之者矣。若夏禹商汤周文王数圣人是也。是以孟轲氏曰："人皆可以为尧舜。"定志要于在初。盖在初淳一未漓，耳目未扰，其志气清明，为力最易……

法尧舜之圣，在见尧舜之心，是以一圣心要焉。夫所谓尧舜之心者何也？尧之授舜曰"允执其中"止耳。舜复推中之本于心，曰："人心惟危，道心惟微，惟精惟一，允执厥中。"盖心之为心，其清虚以含性，其重浊丽于形质，故所性之灵妙于生心，而形质之欲亦为心累……

法尧舜之圣，在合尧舜之德，是以明圣德要焉。孟轲氏述古圣相承之统，由尧舜至汤，由汤至文王，由文王至孔子，皆曰："闻而知之者。"何谓也？乃知明明德为万古一宗之学，明命果可见乎？见之乃在心也……

《圣学》是大伦儒学的重要思想，他指出，人人都可以向圣人学习，成就一番事业。如何法尧舜之圣？在乎定志、见心、明德。正如白沙夫子所言"心具万理"，大伦也要求学子们"为学当求诸心"，如此，才是堂堂正正的君子，才可以器宇轩昂立于天地之间。

学子们听得如痴如醉，明悟了的，喜笑颜开；尚未省悟的，眉头紧锁，苦苦思索。

轮到大相授课了。

大伦介绍道："你们可知道他是谁？"

下面七嘴八舌道："翰林大人……检讨大人……左中允大人……寺丞大人……"

大伦挥手打断他们："你们说得都对，不过俱往矣。他还有个最重要的身份你们都没说——他是我的哥哥，亲哥哥。"

全村人都知道他是你亲哥啊，大家哄堂大笑。

待笑声止住，大伦道："你们平日里私下议论，说我学问深不可测，但你们可知道，我的学问都是我哥哥教的；我的学问与他相比，简直蚊同牛比。"

大相今天才知道，自己的弟弟这么会夸奖人。他面色微红，在讲案前坐下，轻声道："我给大家说说《原学》。"

人有群居乐聚，执艺鼓箧，端弁带而说仁义，拥皋比而谈诗书，扱衽而登孔氏之堂，则可谓学乎？曰："是谈说之粗也，非学也。"人有朝经夕史，寻行数墨，占毕呻吟，焦唇腐舌，仡仡穷年而莫之止，则可谓学乎？曰："是诵读之余也，非学也。"

然则所贵乎学者何也？学者将以成性也，亦以成圣也。道率乎性，至乎圣，而止矣。惟学足以通之今。夫人非生而闻道也，又非尽生而有是聪慧材智也。而义理之性，与夫灵明清虚之体，所谓尧舜以至途人一者。

……

君子曰："学不可以已。"虽有美味，不食不知其旨，虽有至道，不学不知其致。故跂足而望，不如登高之博见也；终日而思，不如须臾之所学也。木受绳则直，金就砺则利，性本一而或失其初，以至于去圣日远矣，始不能不假于学。

故学者，所以变化气质，矫其偏，返之正，以致乎圣人之道而已，非谈说、诵读之谓也。……故曰圣人之于道，没身而已，尧兢兢，舜业业，禹汤文武汲汲，仲尼皇皇，彼上圣犹然，况中材以下者乎？故知古人之所谓学者，将以成性也，亦以成圣也。

……

吾身在天壤，直一瞬耳，所恃以参三光、超万汇，独有此学。隙驹易迈，河清难俟。彼燕僻嬉游，流连光景，诚无足道。……不亦可惜哉！……

在这里，大相向学子们分享了他数十年的治学经验。他指出，学习的目的，不是诵读与谈说，而是改变气质，即明辨笃行，"矫其偏，返之正"，使自己的言行合乎圣人之道。大相还勉励学子们，光阴似箭，如白驹过隙，所以要兢兢业业，不要沉溺于嬉戏玩乐，最后万事成蹉跎。

百川东到海，何时复西归？少壮不努力，老大徒伤悲！

是啊，人生百年，弹指之间。听着大人的劝勉，学子们暗下决心，立志求索，莫等闲，白了少年头。

"风声雨声读书声声声入耳，家事国事天下事事事关心。"

中国人讲求诗礼传家，无论哪朝哪代，都把读书看作一等一的大事，于是在千百年的历史流转中，承载着文明和思想火花的书院也应运而生。

如果说中国教育史是一部厚厚的书籍，那书院文化则是里头最重要的章节。

书院在中国已有一千多年的历史，是我国古代独有的教育机构和学术研究场所，不仅是古代知识分子学术创新的思想高地，而且在民俗民风的培植以及人们思维习惯和伦常观念的养成方面发挥了重要作用。中国古代四大书院为应天书院、岳麓书院、白鹿洞书院、嵩阳书院，在中国文化教育史上都占有重要的地位。

佛山人文底蕴深厚，明代时期，兴起诸多工商业市镇，经济的发达促进了文化的兴盛。崇文重教的佛山于是广开学堂，讲学之风日趋鼎盛。

西樵山在正德、嘉靖年间，书院、精舍林立，其中最为著名的四大书院，分别是白沙夫子衣钵传人湛若水创建的大科书院和云谷书院、方献夫创建的石泉书院、霍韬创建的四峰书院，成为广东士子重要的讲游之所。

时人赞道："西樵者，天下之西樵，后世之西樵，非独岭南之西樵也。"

后人称："当湛子（湛若水）讲席，五方问业云集，山中大科之名，几与岳麓、白鹿鼎峙，故西樵遂称道学之山。"

西樵山由此奠定了其"理学名山"的地位，在学脉的绵延中，书院承担着教书育人、以文化人的神圣使命。通济天下的岭南精神，借助它们得到了渗透和延伸。

在这种风气下，区大伦创办了他的苍溪、蓬山书院，南蓬山逐渐成为当地学术交流与文化教育中心，书香袅袅，附近文人、士子慕名而至，络绎不绝。"讲院初开日，如云弟子从。"他们在这里努力学习修身、齐家、治国、平天下之道，而后或独善其身或兼济天下，从一个个青葱少年变成一个个传奇人物。

后人有记："海峤人士始知白沙之学，先生（大伦）独得其宗，四方之闻而来学者日益众，士大夫为苍溪、蓬山二书院以奉皋比（讲堂）。于时士气嚣，士风靡，邪说充塞，先生忧之，抑狂进狷，苦心救世。"

大伦在家乡讲学近三十年，直到万历帝去世，泰昌帝即位，才得以重新起用。后来又被天启帝重用，任大理寺左少卿，正四品，入侍经筵，给皇帝讲课。

其时阉党炙手可热，想拉拢大伦，被他严词拒绝，阉党为之侧目。"欲引先生为重，先生绝之。"然而，此时区大伦已七十有余，有心报国，精力不济，遂上疏乞休，"臣心虽赤，臣力不逮，筋力不任驱驰，衰老宜去"。

过了几天，天启帝批复说："年高未衰，所辞不允。"

了却君王天下事，赢得生前身后名，可怜白发生！

冯唐易老，令人唏嘘。

好容易熬过天启王朝，崇祯帝又要重用他，这次大伦说啥也不出山了。他说："吾生平唯二事，一崇正学，一佐太平，今耄矣，将寄撰述以俟知者。"未几，寝疾终于蓬山书院，永诀不及家事，后人称之"江洲夫子"。

　　现在的南蓬山，已建设为高明的森林公园，林高树茂，不仅承担着高明"城市绿肺"功能，而且承袭着高明的文脉。每逢节假日，市民们在这里休闲游玩，西江景色尽在脚下，蓝天悠悠，白云朵朵，心旷而神怡。可谁能想象到，四百多年前，在这幽雅的山中，曾有一群群学子琅琅地诵书呢。

清晨的宁静被河堤边传过来的喧闹声打破。

"龟峰山那里又出事了。"大枢冲进书房，沉痛地说。

"又有船只撞了？"大相放下手中的书，关切地问。

"是啊，死了三个外乡人，最小的是个才十几岁的孩子。"大枢很是痛心。

大伦也放下手中的笔，分析道："这龟峰山突兀河心，外乡人不明所以，夜间行船，确实极易出事故的……这是今年第几起了？三起了吧。"

"可不是，好在前两次没出人命。"大枢道。

大相若有所思道："得想个办法才是……何不在那龟峰山上起个塔以作航标，也好给不明情况的过往行船提个醒。"

大枢、大伦一齐拍手叫好。

这时大相的小女儿怀谨请大家出去吃早饭，大枢拉着她的手走出书房，无意瞥见屋角的灵龟神位，柔声问道："谨儿，你可知道灵龟的故事？"

谨儿忽扇着一双大眼睛，回道："我当然知道啊，奶奶曾告诉过我。"

"话说很久很久以前，"谨儿一本正经地开始讲古，"我们西江一带毒蛇、猛兽、毒瘴为患，害得百姓们民不聊生，苦不堪言，老百姓都称它们为三害。眼看着日子过不下去，大家拈着香纷纷来到河边，昼夜祈求呼救。求救声随着滚滚的河水向南飘啊飘啊，飘到了大海里，大海里住着一只千年的神龟，道行大得不得了。神龟听到百姓的祷告，动了恻隐之心，于是溯江而上，来到了我们高明。它施展法力，驱散了毒瘴，又去找猛兽，找到之后，一头顶在猛兽肚子上，猛兽就一命呜呼了。接着它又去找毒蛇，那毒蛇异常凶猛，蛇信子都有一尺多长。神龟就和它搏斗起来，它们从水里斗到岸上，又从岸上斗到水里，一会儿顺水往下，一会儿逆流向上，斗得天昏地暗，把河里的水都搅黄了。斗了三天三夜后，神龟趁着毒蛇没留意，一脚踏在它头上，把它踩死了。神龟驱散了毒瘴，收服了毒蛇、猛兽，从此我们西江一带就雨过天晴，风调雨顺，老百姓福寿安宁，都过上了好日子。可是神龟它，却也因为精疲力竭，匍匐在江边而死，然后化作一座山。那山的形状与神龟的样子像得不得了，就是我们高明的龟峰山了。"

"所以嘛，"谨儿做最后总结，"我们西江一带的居民，为了感谢神龟恩德，家家都要设神位供奉。"

听着侄女绘声绘色的讲述，大枢谑笑道："这可真是个美丽动人、感人至深的故事啊。"

跟着他们身后的大相听了，扭头对大伦道："可能会有些波折——那龟峰山如此神圣，要在它上面建座塔，族里恐怕……"

大伦也觉得是个问题："塔者压也，风水里多用之以镇压邪怪之物。我在东明任上时，乡里曾有一塔，上书永镇无波，故老相传便是为了镇压河妖而建。"

大枢也看出了事情的麻烦："你在神龟身上建塔，让它永世不得翻身，族长肯定不会答应。"

"这可如何是好呢？"大家一时束手。

"你与那副使陈濂大人不是相识嘛，可以请他出面主持，他人自不敢非议——民不与官斗嘛。"大枢给大伦出主意道。

"我固然要去找他——这建塔的款项要由官府划拨——但这乡风族意也得处理妥当，况且官府的款项肯定不足以建塔，尚需乡党捐筹才行啊。"

说话间他们来到了厅堂，正准备着食物的罗氏听了他们的议论，随口道："可以去灵应祠问下神灵啊——当年大相考进士时，我就曾和四兄去佛山镇问过。你还记得不，四兄？"

大枢点头称是。

大相佯斥道："妇人之见。"

大伦却竖起拇指："三嫂高明。"

大相有些愕然道："子不语怪力乱神也——你不是真的要去占卜吧？"

大伦答道："珍珠没咁（这么）真。"

事情果然如大家预料的一样，虽然有副使大人主持此事，但是族人并不买账，闹到最后，大家都同意到祖庙灵应祠卜问北帝，请神灵给予指引。

经过华丽壮观、飞檐叠翠的灵应牌坊，众人进入安静肃穆的祖庙大殿，只见北帝岿然端坐，威风凛凛。

北帝原为中国古代神话之神，佛山为水泽之乡，常遭水患，故佛山人敬奉北方水神玄武北帝以保平安。

庙祝带领众人虔诚地上香、参拜，随后请出笅杯。

这笅杯由上好的楠木制成，弯如两面新月，又像两只腰果仁，每只都有一面是平的，代表阳；一面是凸起的，代表阴。

如果占卜结果是一片平面朝上，另一片凸面朝上，则为"胜杯"，则代表神灵赞成和支持所请示的事情，这是一个"吉兆"的结果。

如果占卜结果是两片平面都朝上，则为"笑杯"，则代表神灵主意未定，对所请求的事项不作指引，暂不发表意见。

如果占卜结果是两片凸面都朝上，则为"阴杯"，则代表神灵不准许或者是神灵生气了，所请之事不可做、不可行，不宜轻举妄动，行则凶多吉少。

只见庙祝恭敬地跪在北帝像前，三拜之后，他将笅杯放于两手中央并完全合十，举两手到眉心位置，口中念念有词，将建塔之事祷告北帝。再经三拜后，两个手掌慢慢分开成"兜水"之状，然后作左右分开，"吧嗒"一声，笅杯自然地从两手掌中跌下。

众人的目光都集中在庙祝手上，紧张地盯着他的一举一动。

一只平面朝上，一只凸面朝上，一阴一阳，"胜杯"，吉。

大枢、大相轻嘘一声，松了口气。

庙祝再次举起笅杯，掷下。

一阴一阳，"胜杯"，吉。

第三次，依然是"胜杯"，吉。

大事三决。

连续三次掷出"胜杯"，表示建塔之事是天意难违了。

大枢、大相长出口气，激动地拥在一起。大伦看着他们，笑着摇头。

"哎，大伦，你怎么知道庙祝一定能掷出三次胜杯？"兴奋过后，大相问道。

"我不知道。"

"不知道？那你为什么一定要坚持来灵应祠卜问？"

大伦淡淡道："玄武大帝乃水神，掌天下江河湖泊。今建塔导航，免行船遇难，神必鉴之，神必许之。"

大相望着弟弟，喟然叹道："因信得义，吾不如弟啊。"

大枢道："大相你还记得不？大伦东明任时，就曾向河伯求雨，果然就下雨了呢。"

大相点头道："当然记得，大伦曾寄我《祈雨祭河伯文》与《得雨谢河伯文》。"

他们说的事儿是真的，《东明县志》有载："万历二十年夏，旱，知县区大伦诣河剪发爪，祈祷，旋即雨。"

"剪发爪"即成语翦爪断发，原指古人占卜祭祀时剪掉头发，断掉脚指甲来代替身体作牺牲品。《尚书大传》记载：汤伐桀之后，大旱七年，史卜曰："当以人为祷。"汤乃剪发断爪，自以为牲，而祷于桑林之社，而雨大至，方数千里。后遂以"剪发爪"表示用极为虔诚决断的态度祈雨。

既然神已许之，族人自不好阻拦。大枢、大相、大伦等缘磴道、披灌丛，亲勘现场，号呼奔走，多方筹措，栉风沐雨，不辞劳苦。塔成之日，三个人都眼窝深陷，瘦了一圈儿。

西江河畔，灵龟塔巍然屹立，塔身七层，平面八角，高近十丈，宽二丈余。各层以木板作楼阵，塔外置平座，画栏雕砌，檐口则饰以琉璃瓦，绿瓦红墙，秀丽挺拔。登临而上，仿佛置身苍穹，四周景物一览无余，尽入眼底。塔门口配长联：

> 揽胜赋长吟每当晓来江气雨后山光凭斯塔坐收诸景；
> 凌虚聊纵步若要手抉云章胸罗宿海与群英更上一层。

塔前石碑，刻着大伦所撰《龟峰塔铭》：

> 峨峨龟峰，拔乎中川。
> 塔势涌出，作柱于天。
> 应祥以兴，维兹多贤。
> 翼翼佐帝，亿万斯年。

此诗言语凝练，立意高远，形象地描述了山、塔、江、天相依之形胜，传颂至今。

一日春和景明，兄弟三人相约登塔寄兴。俯视浩瀚西江，但见滚滚流水南去也，逝者如斯夫，不舍昼夜。自塔顶远眺，上下天光，一碧万顷。清幽秀丽的西樵山，突兀于广袤的平原之上，层峦叠嶂，郁郁苍苍，七十二奇峰缥缈云雾间，如梦如幻。

此情此景，大相不由诗兴勃发。

> 我家湄水北，高卧樵山西。
> 日出东峰望，天清云树齐。
> 将期炼金液，思欲凌丹梯。
> 明泛桃花水，知无川路迷。

金液：指长生不老药。

三兄弟凭栏寄意

龟峰塔 | 251

丹梯：红色的台阶，指寻仙访道之路。唐宋之问《发端州初入西江》诗："金陵有仙馆，即事寻丹梯。"

我的家乡坐落在西江之北、樵山之西，早上日出之时，登高东望西樵诸峰，天朗气清，朵朵白云缭绕在山上的树丛间。传说中西樵山也是仙人隐居之所，找个时间我们一起去山中寻访仙人吧，不知道能否得遇仙缘呢？那美丽的景色恍如仙境，令人陶醉，流连忘返，恐怕到时候我们就像那位误入桃花源的武陵渔人一样，连出山的路都找不到呢。

随后，兄弟三人泛舟海上，遥望西樵，大相赋诗道：

> 海上望松关，苍茫云雾间。
> 长风吹瀑水，飘落万重山。
> 碧草通仙径，琪花待客攀。
> 此时挂帆去，应得御风还。

碧草：青草，神话传说中的一种仙草。
琪花：莹洁如玉的花，仙境中玉树之花。

在这海岛之上遥望西樵山的阵阵松关，苍苍茫茫，仿佛飘浮在云雾之间。远处刮来的风吹散了飞流的瀑布，飘洒在层层山峦里。青青的小草长满通向仙境的小路，那里还有莹洁如玉的仙花等着我们去攀折呢。如此美景岂能辜负？不如现在我们就扬帆而去，趁着好风，或许晚上就能回来了呢。

小舟之上，大相诗兴未尽，继续吟诵道：

> 七十二芙蓉，仙家第几峰。

天清揽黛色，秀出海云重。

地与蓬瀛接，人将鸾鹤从。

此行若结宇，何异三茅踪。

蓬瀛：蓬莱和瀛洲。神山名，相传为仙人所居之处，亦泛指仙境。

鸾鹤：鸾与鹤。相传为仙人所乘。

三茅：传说中修仙得道的茅氏三兄弟，即茅盈及其弟茅固、茅衷。据传为汉景帝时咸阳人，先后隐居句曲山，后得道成仙，太上老君分别授其为司命真君、定箓真君、保命仙君，世称三茅君。

西江河中升起水雾飘散在空中，洁白的云朵掩映在青黛色的峰峦里，听说西樵山有七十二座秀峰啊，仙人居住在哪一峰呢？不管它了，既然我们此地与那仙境这么近，那就也去修仙吧。你们想象下，假如我们仨在那儿结庐修行，会不会也成了三茅真君呢？

难得浮生半日闲。

望着为忙碌建塔都消瘦了的彼此，大家哈哈大笑。

大枢吟道："此乐何极！登斯塔也，心旷神怡，宠辱偕忘，把酒临风，其喜洋洋者矣。"

大相啸道："浩浩乎如冯虚御风，而不知其所止；飘飘乎如遗世独立，羽化而登仙。"

大伦叹道："但愿从此，商旅之行，再无樯倾楫摧。"

大枢揽住大伦肩头，由衷赞道："吾弟真是进亦忧，退亦忧。居庙堂之高则忧其民，处江湖之远则忧其君。"

大相走过来，和他们揽在一起，大家一齐颂道："然则何时而乐耶？先天下之忧而忧，后天下之乐而乐。"

余音袅袅，不绝如缕。

衣带渐宽终不悔。虽处江湖之远，但可为乡梓尽点绵薄之力，何其快哉！

逝去

　　万历四十四年（1616）的冬天，天儿格外冷，时不时地下起绵绵冷雨。凛冽的北风沿着西江而下，水面升起冥冥薄雾，给人一种怅然而压抑之感。

　　已立春了，天还不见放晴，时停时下的雨，敲打着地上的落叶，一片萧瑟。

　　岭南林木四季常青，春天之时要发新叶，所以旧叶纷纷落下，故有人称，岭南的春天是个落叶的季节。

　　可能真的是老了，大相感叹。不过偶感风寒，竟致卧床不起。

　　两年前，四兄大枢走了，现在，该轮到自己了吧。

　　或许是该离开的时候了，不过，这次却是永远的离去。

　　病榻前，大伦拉着大相的手，眼眶红着。

　　大相内心宁静，安慰他道："人固有一死，托体同山阿罢了，有什么好悲伤呢？况且，我此去就能见到父亲和兄长们了……"

　　大伦哽咽着，难过得说不出话。

　　讲到父亲，大相也一阵悲痛，不由地老泪纵横。

"父亲抗倭功高，反被仇口诬陷，至今尚未沉冤得雪，勿忘父之冤情，勿忘父之冤情。"大相握紧弟弟的手叮嘱着。

"我知道了。"大伦沉痛答道。

后来，天启帝时，区大伦被朝廷重新任用。天启四年（1624），皇上得了个儿子，普天同庆，于是大伦趁机向皇上进疏，剖心申辩父亲冤屈，后经吏部查证，区益终得平反。

死去原知万事空，但悲不见父昭雪。

床尾处，怀瑞、怀年、怀谨一众儿女，匍匐在地，早已泣不成声。

大相招手示意他们近前来，儿女们忍住哭泣，抽噎着围在父亲身边。

大相望着儿女们，眼中满是慈爱与不舍，多想陪你们去经历成长的快乐与苦痛啊，多想和你们一起永不分离啊，可惜，要走了。

"父亲要走了，你们不要难过。"

听父亲这么一说，谨儿忍不住"哇"的一声大哭起来。

大相心中澄静，他抬起手，帮女儿擦去脸庞的泪水，又仔细理好她的头发，和蔼地说道："别哭，孩子……眼睛哭肿了，就不靓女了。"

谨儿乖巧地含泪点头。

"孩子们，"大相微笑着继续说道，"我的父亲，你们的祖父曾告诉我，我们阮埇村的区姓是从南雄珠玑巷迁来的，从元朝至正年间到现在，已有数百年了，至今已成了个大村。所以说一定要培植根本。所谓根本，祖父母也；所谓枝叶，子孙也。有根本然后能生枝叶，但枝叶不能自生，要灌溉。这灌溉，就是孝悌了——你们要记住。"

见父亲有些喘息，怀瑞忙端来茶水，怀年微微托起父亲，喂了几羹，大相摇头示意可以了。望着他们弟兄俩，大相心中充满欣慰和期望。

他正色道："士不可以不弘毅，任重而道远。我族轩冕相承，向来书香继美。你等当勤勉儒业，学而优则仕。业精于勤而荒于嬉，以无逸之心务学，学乃励；以无逸之心立政，政乃勤。何以立政？其道在勤，无以怠荒而失民心。何以懋学？其功贵励，无以宴安而堕厥志。尔等且记。"

"孩儿记住了。"儿女们含泪答道。

大相茫然抬眼，向屋里张望，没见她。嗯，也好，免得她难受。

他的目光穿过窗棂，越过田野，天光云影，今儿是个难得的好天气。唉，不知道自己还能起身不？还可以去品那美丽的田园吗？

往事一幕幕浮现在眼前，他想起幼年读私塾的趣事，想起与妻子初相见时的欣喜，想起与志同道合的朋友一起宴饮的欢乐，想起在滁州琅琊山的林壑幽美，想起回归田园后弟兄相见的浓浓亲情……

太阳越升越高，窗外的阳光白得刺眼，一束耀眼的光芒中，走来三个身影，定睛一看，是父亲和兄长们，他们都穿着全白的衣服。大相叫道："父亲、兄长。"他们却没有回答，微笑地点点头，就转身走了，越走越远。

"等等我！"大相急呼，他跳下床，跳进那束耀眼的白光里。

身后，隐隐约约地传来亲人的啜泣声，恋恋不舍。

不远处的佛堂里，妻子罗氏跌坐在蒲团上，泪流满面，伤心欲绝，心中巨大的哀恸令她不能安心去祷告菩萨来保佑自己心爱的丈夫。那山中初相见的兴奋与羞涩，那寒夜里伴读的美好与温馨，那寓住京师的快乐与欢愉，那返归田园的恬然与满足……

今日一别，竟是永诀，如何不让人肝肠寸断！

良久良久，她擦干泪水，翕动鼻翼，默默对自己说道："今天，六月二十一日，但愿是我最后一次为你哭。"她慢慢站起身，整理好衣领与头发，一步步走出佛堂。

时人记之："先生以痹病归，杜门扫轨，支床吟咏，垂十年而终。"

万历己未年进士、庶吉士，崇祯时礼部尚书、东阁大学士、文渊阁大学士何吾驺闻之，写悼词道："嗟乎！先生抱公辅之才，又备圭璋之德，惜其位宫坊而受抑，一引疾而遽逝，未究大用也。云间董思白先生与先生同馆，一时称双璧，而思白先生恒谓不如者也……"

董思白就是著名书画家董其昌，与区大相同科进士，是第二甲的第一名，俗称传胪。他与大相在翰林院诗文唱和，人称"双璧"，但董其昌总是说自己之才不及区大相。

万历时探花、崇祯年间的礼部右侍郎、南明弘光政权礼部尚书、永历政权东阁大学士兼兵部尚书陈子壮听闻此噩耗，痛而悼道："显皇帝朝文学侍从，称名世臣者，首吾粤区先生云。……善画者工意不工似，善解者师道不师物。……今人之忠孝犹古人之忠孝，要以见其性情之所存焉耳，必曰自我作古，将天别一月，地别一花，人心别一忠孝也而可乎？是又与于袭古之甚者矣。吾故曰文统而可以治也，微先生谁与归？……"

知州陈显宗撰《祭区中允海目先生文》："唁先生者，以高才见忌，俾辅翼勋猷不获表竖。……不知孔颜之仁圣，董贾之巨儒，或以不用，或以用而不竟其用，乃天之生圣贤良厚，亦惟神至今存耳……"

番禺举人韩启运撰《祭区宫允文》："于惟先生，……等浮华于敝屣，德不孤其有邻。塞盘桓于松菊，映棣萼以长亲，大岂虞于用拙，道不病于官贫，此先空所自为不朽，夫宁与往迹而俱尘……"

学正韩上桂撰《祭中允区先生文》："嗟维先生，环海储精，扶舆挺秀。采孕珠江，芬含桂岫。……厥考积仁，循良著迹。……性与古协，行为世仪……"

乡人罗铉贞叹道："夫以先生超绝之品，鼎铉之器，靳以古稀之年，未登台司之位，岂道大而莫容，抑天全而物忌。……"

四年之后，万历四十八年（1620）七月，万历帝崩。太子朱常洛继位，因纵欲淫乐，导致身体羸弱。"连幸数人，圣容顿减。"仅做了一个月皇帝，也去世了，庙号光宗。其子天启帝继位，在位七年，时魏忠贤阉党专权。

崇祯十七年（1644），李自成率领流民组成的大顺军，攻入北京，崇祯帝在煤山的一棵歪脖树上结束了自己的生命，也结束了大明王朝，史称"甲申之变"。

家风

慈母手中线，游子身上衣。

临行密密缝，意恐迟迟归。

天启丁卯年（1627），区怀瑞中举人，授湖广道当阳知县，捧檄当行，很放心不下母亲。

母亲已经年逾古稀，七十多岁了，她又何尝舍得儿子远行呢？但她明白，好男儿志在四方。大相在世时，就常教导儿子修身治国之道，她又怎能贪享天伦而阻碍儿子的志向呢？

母亲咬断线头，放下手中的针线，拍打着新做的棉衣，叮咛道："听老人家讲，湖北那边冷，可比不得咱们广东，你要记得多穿衣服，多喝水。这新棉衣，可真暖和，记得穿着不能脱。不要一忙活起来，热了，就脱了，会染风寒的。"

听着母亲的絮叨，怀瑞心中温暖，忽又一阵难过。他抱起棉衣把头埋进去，不让母亲看见他的眼泪。

"好好好，"平息情绪，他满口应承着，"就连睡觉也穿着，行了吧，母亲大人。"

"真是的，"母亲佯斥道，"都这么大了，还没个定型。"

怀瑞跪下来，抱住母亲膝头，一脸郑重道："母亲你可一定一定要保重身体啊。"

"知道了，知道了，"母亲佯做不耐烦道，"耳朵都听出茧子了。"

怀瑞矫情道："就是要说，就是要说。愿母亲永远耳聪目明，体健神完，福如东海，寿比南山。"

"真肉麻。"母亲笑过后，变得严肃起来，谆谆教诲道，"好男儿都有凌云志。你此次赴任当阳，一定要为臣尽忠，为官爱民。虽然我已经七十好几了，但身体康健，吃得好，睡得香，你千万不要挂念我。你一定要记住你们父亲的话，好好做官、做人、做学问，千万不要给他丢脸，这样就是你最大的孝顺了。"

怀瑞含泪答应："孩儿谨记。"

时人有记："伯子（怀瑞）当捧檄，宜人（罗氏）诲而后行，曰世受国恩，身虽耄耋，幸健匕箸，若无以我为念。邑当残破后更易为德，竭力得民和以报君上，无负先君子（大相），则老妇慰心矣。贤哉母也。"

自从大相去世后，罗氏每天奉佛虔供，长斋事佛，晨起即焚香礼拜，病革犹念佛不懈。时人记述：罗氏出身高要望族，善事法，讳明学，闲于大义，俭积好施，从大相官舍，多内助之德。

人们都赞他们是一对举案齐眉的佳伉俪。"若宜人者（罗氏），其无惭区先生之阃（夫人）也。"

罗氏生于嘉靖辛亥年（1551），卒于崇祯丙子年（1636）。大相六十八过世，夫人后二十年过世，享年八十有六。

有二子，怀瑞、怀年。皆博学能文章，酷有乃父之风。

有四女，长女嫁贵州按察司副使之子，次女嫁广东道御史之子，三女嫁云南武定知府之子，小女儿嫁广东道宣化县知县之子。

依依惜别，怀瑞来到当阳。

当阳，因在荆山之阳，故名。历史悠久，人文深厚，是楚文化的发祥地之一。想当年，燕人张飞单枪匹马立于当阳长坂坡桥上，圆睁豹眼，横握长矛，一声吼："吾乃燕人张翼德也，谁敢与我决一死战！"曹军无一人敢前进，部将夏侯杰吓得肝胆碎裂，坠马而亡——当阳遂天下闻名。

其时的当阳，刚刚经过白莲教的洗劫，触目一片狼藉，残破不堪。

白莲教是唐、宋以来流传于民间的一种秘密宗教结社。它的教义简单，经卷比较通俗易懂，多为下层人民所接受，所以常被利用成为组织人民起义的工具。从明代开始，靠宗教起义发家而深知其威力的朱元璋明令禁止白莲教活动，但是到明代中后期，干旱、洪水、蝗灾、瘟疫等天灾，加上大地主疯狂兼并土地的人祸，导致无法生活的流民越来越多。农民失去土地，等于失去了根本，于是白莲教死灰复燃，大行其道，官府则忙于到处镇压，疲于奔命。

下车伊始，怀瑞便将社会稳定作为首要任务，他安抚赈济流民，招抚逃亡的农民起义军，百姓得以安定。同时，他还多方面进行革新，如开垦新田，掘井寻水，发放种子，安置流民耕种；设置备荒粮仓，以备不时之需；兴办学堂，教化风气，订立乡风民约……

工余，怀瑞记下工作感想，字字句句都是忧心为民。

一落尘鞅间，误作荆榛宰。
国计急诛求，民命忧痍瘵。
……

经术待中兴，轸念先民瘼。

岩邑赖拮据，炎洲暂荒度。

……

怀瑞很好地遗传了大相的文学基因，少年时随父亲在北京生活、学习，曾作秋雁诗曰："水花兼雨乱，岸苇带潮平。不待闻征雁，先令旅梦惊。"令当时的首辅赵志皋刮目相看。

不到两年时间，在怀瑞治理下，当阳县人心安稳，民风淳朴，虽然广大农民还没有富裕起来，但是基本上都解决了温饱问题，流民现象大大减少，社会矛盾渐趋缓和。上级特派的使者在年终考核推荐官员时，把区怀瑞知县排在第一位。

此时的弟弟怀年，正坐在翰林院文渊阁内小憩，刚整理完一大堆书籍，累得够呛。虽说只是一个小小的九品孔目，但这翰林院的图籍"如一孔一目，无不经其手"，也颇令人自豪啊。

这是一个秋日的黄昏，晒着北方暖和的太阳，让人有些昏昏沉沉。

遥想父亲当年，初入文渊阁，雄姿英发。磨砚挥笔，谈笑间，写就多少馆课、阁对、制诰、敕谕和瑰丽诗篇啊。

达生无我，高谊薄云。

冥情显晦，泉石娱真。

玄风独迈，逸藻缤纷。

芟厥繁秽，功在斯文。

嗟我小子，匪瑕丛类。

负荷不堪，濒于废坠。

逴逴昕夕，尔勖尔励。

缅维慎修，敢云保世。

父亲啊，您文质彬彬，风度翩翩，气宇轩昂，风流倜傥，可惜啊，您高洁的品格和华丽的诗文，我都没能继承下来，这让我终日从早到晚诚惶诚恐。父亲啊，我一定束身修行，力学不倦，让区家的好家风代代相传。

"铛——铛——铛——"

悠长的钟声在翰林院回荡，将怀年的思绪拉回。他站起身来，张望着一架架整齐划一的图书，又随手整理好桌面的卷册，然后满意地点点头，抿下嘴，轻轻关上大门，从长衫里掏出钥匙，小心地把门锁起来。

后来

千古江山，风流依然。

太阳照常从东方升起，照着波光粼粼的西江水面，远处的西樵山诸峰，宛如画卷。

时空轮换，遥远的西江河畔，古老的阮埇村已换新颜。

古榕婆娑，荷香满池，碧水悠悠，青石板路铺就。

穿越了几个世纪的镬耳大屋，青砖灰瓦，错落有致，墙角斑驳的红麻石诉说着岁月的沧桑。

依偎着高楼林立的高明新城，古朴的村落烙着鲜明的时代印记，散发着悠久历史的神韵。

雕梁画栋的区氏祠堂前，花灯高挂，彩旗飘飘，一群小学生身披战袍，志气昂扬，手握着拳头，铿锵有力地吟诵着：

> 兵车何煌煌，煌煌去何乡。
>
> 天子今命我，讨彼蛮彝方。
>
> 侧闻日本寇，远涉朝鲜疆。
>
> ……

这是二十一世纪的一天，"一人一首区大相——高明诵诗节"正在这里举行，千百年来的家国情怀亦在这里传承。

参加表演的小学生说，在活动之前，只知晓李白、杜甫这些大诗人，从没想到四百多年前，自己的家乡就有一位名震天下的诗词大家。

"我们为区大相骄傲，为我们的家乡自豪。"他们说。

悠悠白云里，绿水青山间，仿佛响起区大相苍老而雄浑的吟哦：

> 平生怀忠义，意欲吞八荒。
>
> 行行振长策，永令波不扬。

2019 年 7 月初稿于佛山市艺术创作院

2019 年 10 月终稿于佛山高明阮埇村

阮埇行（代跋）

◎刘东

为寻区大相，我访阮埇村。
霞萦西樵山，花簇西江津。
巍巍南霸天，阴阳割晨昏。
滚滚北来水，不舍昼夜奔。
清流日浩浩，白鸟去冥冥。
碧树栖归燕，绿沼游鲜鳞。
芦密掩野径，竹疏坐钓人。
鸡鹅歌后院，溪涧绕前门。
村老三四五，闲话古榕荫。
西江多清流，清流出吾村。
一代孤忠在，千秋大雅存。
其人没已久，英风传至今。
复言论当世，讵可忘初心？
礼让传家宝，孝悌乃根本。
活化古村落，历史彰神韵。
文脉连国脉，文运牵国运。
伟哉新时代，文化承自信。
出口皆好音，茶蕉献殷勤。
民风淳如斯，待我如待亲。
感此人文美，谬作盛世吟。